Rachel Anne Ridge

Das Esel-Prinzip

Über die Autorin

Rachel Anne Ridge ist Künstlerin und Autorin mehrerer Bücher. Vor einigen Jahren adoptierte sie einen herumstreunenden Esel, der sie inspirierte, ihr Leben zu verändern. Das war eine Entscheidung, die ihr auf Dauer Erfolg bescherte. Sie schrieb die beiden erfolgreichen Bücher: *Das Glück hat lange Ohren* und *Unterwegs mit Henry* (beide Gerth Medien).

Als zertifizierte Lebensberaterin gibt Rachel Einzelpersonen und Organisationen Hilfestellung, eingefahrene Wege zu verlassen und sich die Macht ihrer eigenen Möglichkeiten zunutze zu machen.

Die Mutter von drei erwachsenen Kindern und Oma von fünf Enkelkindern lebt in Texas.

DAS ESEL-PRINZIP

Den Herausforderungen des Lebens durch Resilienz und innere Stärke die Stirn bieten

RACHEL ANNE RIDGE

Aus dem Amerikanischen übersetzt von Eva Weyandt

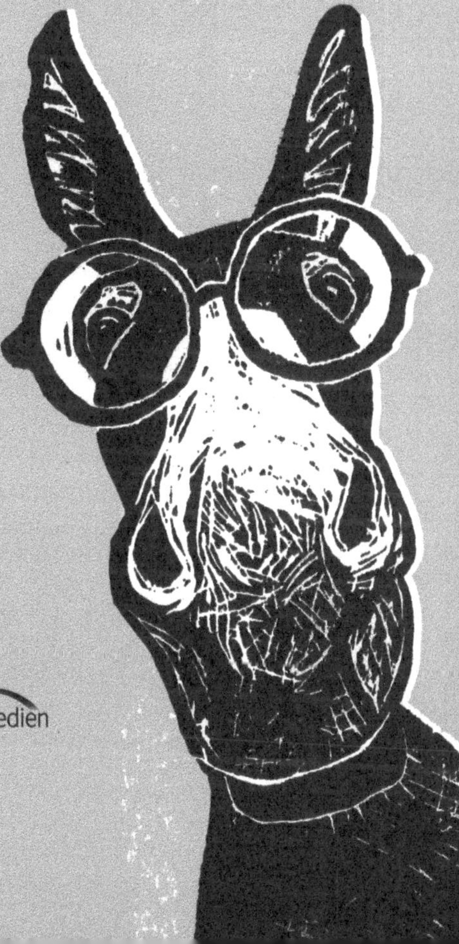

GerthMedien

Für Ivy, Heidi, Hazel, August und Caroline

Mögt ihr stets euer tapferstes,
ehrlichstes und bestes Leben leben.

Inhalt

Einführung

Die „Jungs“ warteten am Tor auf mich. Flash und Henry, meine beiden Esel, wissen, wie es läuft: Wenn sie in den Garten wollen, wo das „gute Gras“ wächst (*ihre* Ansicht, nicht meine!), dann müssen sie ruhig stehenbleiben und sich zuerst die Hufe auskratzen lassen. In meiner Tasche hatte ich eine Handvoll Vollkorncracker, die ich in mundgerechte Stücke zerteilen wollte, *nachdem* sie bereitwillig ihre Hufe gehoben hatten, aber natürlich konnten sie es wieder einmal nicht abwarten und schnüffelten ungeduldig an meiner Tasche in der Hoffnung, vielleicht doch schon vorher einen kleinen Happen ihres Lieblingssnacks zu ergattern.

„Ihr kennt die Regeln“, ermahnte ich sie lachend. Henry drängte sich vor. Er wollte es als Erster hinter sich bringen. Sein gedrungener Körper stand unmittelbar vor Flash. Das Gewicht hatte er bereits so verlagert, dass ich seinen rechten Vorderhuf hochheben und mit einem kleinen Metallwerkzeug den Schmutz auskratzen konnte.

„Das machst du prima, Kumpel“, lobte ich ihn, während ich mir nacheinander seine vier Hufe vornahm. Seine weichen Lippen kitzelten meine Handfläche, als er geschickt den Cracker nahm und genüsslich zermalmte. Henry fand, er hätte seine Sache so gut gemacht, dass er noch eine zusätzliche Belohnung verdient hätte. „Du hast ja recht, Henry“, gab ich nach, während ich noch ein Stück Cracker für ihn abbrach. Ungeduldig wartete Flash darauf, dass er an die Reihe kam. Die Ohren hatte er angelegt und die Lippen zusammengekniffen, um seinem Missfallen darüber Ausdruck zu verleihen, dass er noch auf seine Belohnung warten musste.

„Ist schon gut, Flash. Jetzt bist du ja an der Reihe.“ Ich hatte es an diesem Tag etwas eilig, weil ich mein Flugzeug bekommen musste. Trotzdem ließ ich mir Zeit für die Prozedur. Ich strich Flash über seine mehrfarbige Mähne und streichelte über seine auffällige, kreuzförmige Zeichnung. Während ich seine Hufe säuberte, staunte ich darüber, wie hart sie waren, perfekt geeignet für steinige Pfade in der Wildnis. Meine Hände glitten über Flashs kräftige Beine. Und nachdem er schließlich sein wohlverdientes Leckerli bekommen hatte, streichelte ich noch ein letztes Mal über seinen Rumpf. Dann wurde es Zeit, mich auf die Socken zu machen.

Ich war als Sprecherin zu einer Podiumsdiskussion eingeladen worden. Bei dieser Veranstaltung sollten die Leistungen von Frauen gewürdigt werden. Alle Diskussionsteilnehmerinnen sollten ihre Sichtweise von Erfolg darlegen und von ihren Erlebnissen auf dem Weg zum Erfolg berichten. So seltsam das klingen mag, meinen Erfolg verdankte ich diesen beiden Eseln, die sich jetzt mit dramatischem Ohrenschütteln und Grunzen um den letzten Cracker zankten.

Ihre Geschichten und das, was ich durch sie gelernt habe, flossen ein in meine Bücher und halfen mir, meiner beruflichen Laufbahn eine andere Richtung zu geben. Ich war ziemlich sicher, dass sich mein Weg von dem der anderen Diskussionsteilnehmerinnen unterscheiden würde, aber ich war auch davon überzeugt, dass das Publikum viele Aspekte meiner einzigartigen Geschichte nachvollziehen könnte.

Meine künstlerische Laufbahn begann, als ich zum allerersten Mal einen Pinsel zur Hand nahm. Zu diesem Zeitpunkt war ich bereits fünfunddreißig Jahre alt. Viele Jahre lang hatte ich nicht den Mut aufgebracht, kreativ zu arbeiten. Mein Kunstlehrer in der neunten Klasse hatte mir geraten, seinen Kurs lieber zu verlassen. Ich hätte kein Talent. Seine kritische Bemerkung war niederschmetternd für mich, und die Vorstellung, dass ich in dem, was ich wirklich tun wollte, nicht gut war, machte mir schwer zu schaffen.

In tiefer Verzweiflung meldete ich mich in meinem Heimatort schließlich für einen Malkurs im Bastelgeschäft an. Malen wurde meine Leidenschaft, und von da an bemalte ich in meinem Haus alles, was nicht weglaufen konnte: Möbel, Schränke, Wände, Decken. Bevor ich noch wusste, wie mir geschah, wurde mein Hobby zu meinem Beruf. Zwanzig Jahre lang arbeitete ich als Wandmalerin und Oberflächendesignerin und entwarf Kunst für Firmen und Privatkunden.

Der Aufbau meiner kreativen Karriere war nicht leicht – tatsächlich war er manchmal eher ein mühsamer Kampf ums Überleben. Ich hatte kein abgeschlossenes Kunststudium vorzuweisen. Auch nicht viel Geld, um meinen Traum zu verwirklichen. Und keine Ahnung vom Geschäft, was für ein solches Unterfangen eigentlich dringend nötig ist.

Um diesen Weg trotzdem zu gehen, brauchte ich also folgende Eigenschaften: Widerstandskraft und Einfallsreichtum, die Fähigkeit, schnell auf sich verändernde Bedürfnisse und wirtschaftliche Herausforderungen zu reagieren, die demütige Bereitschaft zu lernen und die nötige Entschlossenheit, nicht aufzugeben, wenn die Dinge schwierig wurden.

Flash, mein erster Esel, den ich gerettet hatte, war an einem der tiefsten Punkte meiner beruflichen Laufbahn (buchstäblich!) vor unserer Hauseinfahrt erschienen. In unserem Alltagsstress war er eigentlich eine Störung, eine zusätzliche Komplikation, aber meine Familie und ich nahmen ihn trotzdem auf. Esel stehen für Widerstandskraft und harte Arbeit, für Dienstbereitschaft, Charme und Loyalität. Das durfte ich im Zusammenleben mit ihnen erkennen. Und im Laufe der Zeit fing ich an, Flash als mein persönliches Vorbild für Stehvermögen und Entschlossenheit zu sehen. Ich lernte, meinen eigenen „inneren Esel" zu akzeptieren und zu umarmen und meisterte so meinen steinigen Lebenspfad als Unternehmerin. Außerdem entdeckte ich die Charakterstärke und Entschlossenheit, die ich brauchte, um in dieser Welt eine sinnvolle Arbeit zu tun.

Das Ergebnis? Mit fünfzig schrieb ich mein erstes Buch! „Das Glück hat lange Ohren: Was mich ein heimatloser Esel über das Leben, den Glauben und zweite Chancen lehrte" war überraschend erfolgreich und soll möglicherweise sogar verfilmt werden. Es folgten noch weitere Bücher und Illustrationsprojekte, bevor mein kreativer Weg noch eine Wendung nahm: Ich wurde landesweit zu Vorträgen eingeladen, und ich begann, Lebensberatung für Einzelpersonen und Gruppen anzubieten. Eine Art, meinen Traum zu leben, auf die ich selbst nie gekommen wäre. Aber diese Arbeit hatte mir auch die Einladung zur bevorstehenden Podiumsdiskussion eingebracht.

Nach dem Flug und einem kurzen Aufenthalt im Hotel stand ich in dem neuen Outfit, das ich mir eigens für diesen Anlass gegönnt hatte, in der Veranstaltungshalle. Ich nahm auf dem Podium Platz, und meine Aufregung wuchs. Das Publikum im Zuschauerraum verstummte und die Bühnenlichter flammten auf. Wie der Zufall es wollte, kam ich bei der Vorstellungsrunde der Diskussionsteilnehmerinnen als Letzte an die Reihe, und das war der Punkt, an dem mein Selbstvertrauen ins Wanken geriet. Mein Mund wurde trocken. Ich lauschte den beeindruckenden Biografien der anderen Diskussionsteilnehmerinnen. Mein Magen krampfte sich zusammen und mein Gesicht lief rot an. Die anderen Frauen auf dem Podium konnten beeindruckende Bildungsabschlüsse vorweisen, bekleideten hohe Positionen in unterschiedlichen Firmen, hatten Auszeichnungen bekommen und gehörten den verschiedensten Gremien und Ausschüssen an. Meine eigene Biografie war dagegen entsetzlich farblos. WARUM nur hatte ich geglaubt, ich sei einer solchen Veranstaltung gewachsen? Innerhalb von wenigen Minuten verwandelte sich meine Begeisterung in pure Verlegenheit.

Ich gehöre nicht hierher.

Ich fühle mich so dumm.

Dumm, dumm, dumm.

Wie konnte ich nur denken, ich hätte bei dieser Veranstaltung etwas zu sagen?

In diesem Augenblick hätte ich mich am liebsten in einem Loch auf der Bühne verkrochen. Leider konnte ich keine Falltür entdecken und überlegte, wie ich mich aus dem Staub machen könnte. Ich könnte das Telefon aus meiner Tasche ziehen, die Hand heben, um einen Notfall anzudeuten, und aus dem Saal stürzen! *Das ist es! Das mache ich.* Meine Finger krallten sich um das Telefon, doch in diesem Augenblick hörte ich meinen Namen. Jetzt war ich an der Reihe.

Es war zu spät.

Ich fühlte mich wie ein struppiger Esel unter den erstklassigen Rassepferden auf dieser Bühne. Schäbig. Langsam. Lächerlich. Unwürdig. Neben den Rennpferden dieser Welt verblassten die Höhepunkte meiner beruflichen Laufbahn, ja, sie wirkten geradezu erbärmlich.

Ich tat einen tiefen, zitternden Atemzug, und das war der Augenblick, wo mich der Gedanke durchzuckte: *Umarme deinen inneren Esel. Steh zu der Geschichte, die dich hierhergeführt hat.* Ich dachte an all die Menschen im Saal, die die beeindruckenden Biografien meiner Vorgängerinnen gehört hatten und sich und ihren eigenen etwas struppigen Lebensweg damit verglichen. Vielleicht ging es ihnen wie mir, vielleicht hatten auch sie das Gefühl, nicht zu genügen. *Die, die es geschafft haben, und die, die es nicht gebacken bekommen haben. Die Strahlenden und die Schäbigen.*

Ihr seid meine Leute. Wir geben doch alle unser Bestes, um die harten Rückschläge zu verbergen – die Verletzungen und Enttäuschungen, die steinigen Pfade, die wir überwinden mussten, um an den Punkt zu kommen, an dem wir stehen. Jeder von uns ist bemüht, seine Geschichte im besten Licht erscheinen zu lassen und hofft, dass niemand auf die Idee kommt, nachzubohren und zu viele Fragen zu stellen. Nur zu gern beschönigen wir unsere Biografie – hier ein wenig und da ein wenig. An irgendeinem Punkt in unserem Leben sind wir offensichtlich zu der Überzeugung gekommen, dass alle anderen mühelos und ohne Hindernisse ihre Ziele erreichen, während sich *unsere Reise* anfühlt wie ein mäandernder Ritt auf einem struppigen Esel, der sich humpelnd fortbewegt und es nur mit Ach und Krach über die Ziellinie schafft. Wir vergessen die erstaunliche Tapferkeit und Ausdauer, die wir aufbringen mussten, um unseren bisherigen Weg zu finden – über Stock und Stein und durch unwegsames, unmarkiertes Gelände.

Mein Blick glitt über die Gesichter der Menschen im Publikum, und mir kam der Gedanke, dass sich vermutlich viele als Außenseiter fühlen, oder dass sie vielleicht auch noch nicht so recht wissen, was für sie dran ist und noch auf die Gelegenheit warten, ein kreatives, sinnvolles und erfülltes

Leben zu führen. Es fällt uns schwer, uns vorzustellen, wie es wäre, allen Ballast abzuwerfen, fröhlich durchs Leben zu gehen, Träume zuzulassen und zu spüren, dass unsere eigene Kraft uns voranträgt. Wir wünschen uns tiefere Beziehungen, wollen gern bessere Führungspersönlichkeiten sein und eine klare Vorstellung von unserem Lebensziel haben, aber wir haben den Eindruck, dass so etwas nur den „Reichen" und „Schönen" vorbehalten ist. Wenn wir unsere Social-Media-Accounts anschauen und uns mit den wunderschönen Influencern vergleichen, fühlen sich unsere Beiträge viel zu gewöhnlich an, nicht der Beachtung wert und total langweilig.

Wenn wir ehrlich sind, kommen wir uns gelegentlich vor wie ein Esel in einer Welt voller Rennpferde.

Als ich dann ans Rednerpult trat, hatte ich mein Selbstvertrauen wiedergefunden. Es zeigte sich sehr bald, dass mein aufrichtiges Ich keinen beeindruckenden Lebenslauf brauchte, um in der Welt etwas zu bewirken. Der Kreis meiner Geschichte schloss sich tatsächlich bei meinen beiden Eseln, denn durch sie weiß ich, wie viel Kraft und Inspiration in einer simplen Metapher liegen kann. Mir wurde klar, dass Flash und Henry tatsächlich ein Sinnbild für die Gestaltung eines erfüllenden Lebens waren, für eine bessere Einstellung und für einen dauerhaften Erfolg.

Durch ihre Bescheidenheit, Widerstandsfähigkeit und ihre Fähigkeit, auch schwieriges Gelände zu meistern und Dürre auszuhalten, sind Esel die Verkörperung einer dienenden Haltung, mit der man auch schwierige Zeiten überstehen kann. Ich hatte die Stärke meines „inneren Esels“ für mich genutzt und die Kraft, Entschlossenheit, Freude und, ja, auch ein klein wenig den notwendigen Starrsinn gefunden, so zu leben, wie ich mir das immer gewünscht hatte ... und ich wusste, dass auch andere das schaffen könnten. Während ich darlegte, wie ich Erfolg definiere, spürte ich, wie das Publikum immer mehr und beinahe greifbar in Beziehung zu mir trat.

Nach der Veranstaltung bildeten sich vor meinem Tisch lange Schlangen von Zuhörerinnen, die mir ihre eigenen Erfahrungen als „Esel“ in einer Welt voller Rennpferde anvertrauen wollten. Mit Tränen in den Augen gestanden einige, wie gut ihnen meine Geschichte getan hätte und wie viel Hoffnung sie ihnen geben würde.

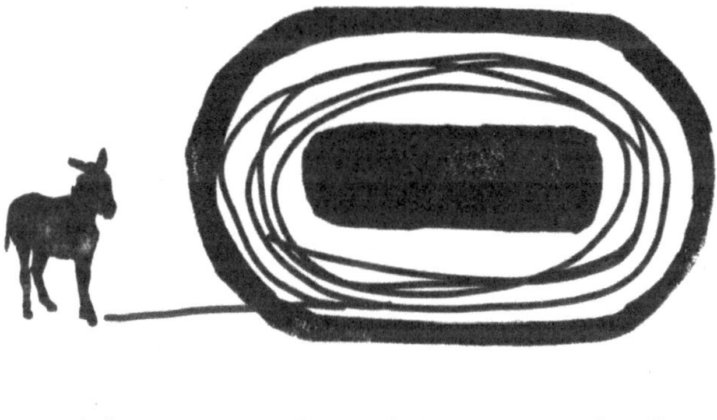

Die Wahrheit ist: Das Leben ist keine Rennstrecke, die nur den schnellsten und schönsten Rassepferden vorbehalten ist, die um einen unerreichbaren Preis wetteifern. Ganz und gar nicht. Das Leben – *dein* Leben – ist vielmehr eine

Goldmine, in der die Schätze geradezu darauf warten, von dir gehoben zu werden. Kostbares Gold liegt für alle bereit, die dranbleiben; für alle, die bereit sind, immer wieder in die Tiefe zu gehen, um das Gold dieser Mine aus der Dunkelheit ans Tageslicht zu befördern.

So albern es auch sein mag, sich einen Esel auf einer Galopprennbahn vorzustellen, genauso lächerlich wäre es, ein Rennpferd in einer Goldmine arbeiten zu lassen. Als „Esel“ können wir aus diesem endlosen Kreislauf des Wettbewerbs aussteigen und den Weg und die Aufgabe finden, die am besten zu uns passen und in der wir mit unseren Gaben wahrhaftig ein Segen sein können für die Welt. Es ist diese Art von Gold, die Reichtum im besten Sinne des Wortes schafft.

Diesen Gedanken nenne ich das „Esel-Prinzip“:

Wenn du zu deinem inneren Esel stehst, ihn akzeptierst und umarmst, wirst du die sinnvolle Arbeit finden, für die du geschaffen wurdest, und darin erfolgreich sein.

Mit anderen Worten: Hör auf, dich auf den Wettbewerb einzulassen und fang an zu graben!

Die beiden bezaubernden Wesen auf meiner Weide und die Gattung, zu der sie gehören, haben mich zur Formulierung dieses Prinzips inspiriert. Das Gerüst dieses Prinzips bildet sich aus dem Akronym **GOLD:**

Gib dir die Erlaubnis, Dinge zu hinterfragen.
Offenbare deine Geschichte.
Lege den Schwerpunkt auf deine einzigartigen Stärken.
Definiere dein Tempo.

In diesem Buch wirst du immer wieder Eseln begegnen: Historische Geschichten über Esel, Esel aus der Literatur oder Erlebnisse mit Eseln aus der heutigen Zeit, die dich, so hoffe ich, überraschen und erfreuen werden und mein Konzept veranschaulichen sollen. Zum weiteren Nachdenken habe ich am Ende jedes Kapitels Fragen zum Tiefergraben angefügt und dir Raum gelassen, um die „Goldstücke" zu notieren, auf die du unterwegs stößt. In dieses „Esel-Prinzip" ist meine ganze Liebe geflossen, und ich habe es niedergeschrieben, um dein Bewusstsein zu wecken für das, was wirklich wichtig ist. Ich hoffe und wünsche mir, dass es dir hilft, die Kraft des Eigensinns in dir zu entdecken, und ich bin sicher, dass es dir helfen wird, deine ganz persönliche Definition von Erfolg zu finden.

Das Esel-Prinzip ist der Schlüssel dafür, das Langstreckenrennen, das unser Leben nun mal ist, gut zu bewältigen.

Gib dir
die Erlaubnis,
Dinge zu
hinterfragen

Kapitel 1
Stelle Fragen!

Das Telefon auf meinem Nachttisch reißt mich mit seinem beharrlichen Klingeln aus dem Schlaf. Es ist Samstag und noch sehr früh am Morgen. Die Stimme meiner Nachbarin klingt entschuldigend, doch seltsam amüsiert, aber ich bin noch zu verschlafen, um das genau zu unterscheiden.

„Entschuldige, Rachel, dass ich dich aufwecke", erklärt Priscilla. „Aber ich bin auf dem Weg ins Fitnesscenter, und da laufen zwei Esel über die Straße, und, nun ... sie sehen Flash und Henry wirklich sehr ähnlich."

Oh, lieber Gott, was läuft hier?

Ich wecke meinen Mann Tom auf, und in Windeseile sind wir angekleidet und draußen. Von der Koppel nehmen wir Halfter und einen Eimer mit Futter mit. Jemand hat das hintere Gattertor offengelassen. Und mit „jemand" meine ich mich. Ich war es gewesen. Ich habe vergessen, das Gatter am Abend zuvor zu schließen.

Flash, der Esel, der mich „gerettet" hat, und Henry, der Mini-Esel, den ich adoptiert habe, damit er Flash Gesellschaft leisten kann, hatten mein Versäumnis vermutlich erst bei Tagesanbruch bemerkt. Aber dann ... Niemand brauchte sie zweimal zu bitten!

Ich stelle mir vor, wie Flash – der normal große, braungraue Esel – über die Schulter zurückblickt zu Henry, dem stämmigen, schokoladenbraunen Mini-Esel mit einer etwas zerzausten Mähne und einem etwas albernen Schwanz. Und dann deutet er mit dem Kopf zum Tor: „Wollen wir?“ „Warum nicht?“, stimmt Henry ihm zu. Mit aufgestellten Ohren und geblähten Nüstern können sie ihre Neugier auf das, was sie hinter dem Tor erwartet, kaum zurückhalten.

„Wie es sich wohl anfühlt, frei herumzulaufen?“, ruft Flash dem kleineren Esel zu, der sich anstrengen muss, mit ihm Schritt zu halten. „Vermutlich ganz ähnlich wie das hier!“ Henrys stämmige kurze Beine drängen vorwärts, sein Hinterteil buckelt vor Aufregung, als hätte es einen eigenen Willen. Hinter der von Bäumen gesäumten Allee und dem Teich drosseln die beiden flüchtigen Esel ihr Tempo und trotten jetzt zügig auf die geteerte Straße am Ende der Zufahrt zu.

„Was hast du vor?“ Henry blickt, wie immer, erwartungsvoll Flash an, denn Flash ist der Anführer. „Wir haben nicht viel Zeit“, antwortet Flash mit einem tiefen Atemzug durch die wulstigen Lippen. „Wir müssen sie gut nutzen!“

Vier Paar Hufe erreichen die geteerte Straße und wenden sich, als hätten sie sich abgesprochen, nach Westen. Eine halbe Meile von unserem Haus entfernt befindet sich in dieser Richtung ein großes, nicht eingezäuntes Feld, das sie lockt. In ihrer Vorstellung werden sie dort hohes Gras, wilde Blumen und vielleicht sogar ein Fleckchen Erde finden, auf dem sie sich wälzen können. Sie beginnen zu galoppieren, mit flatternden Ohren, wippenden Schwänzen und lautem Schnauben – und ganz und gar unbekümmert.

Ehrlicherweise muss ich sagen, dass ich das alles nicht wirklich beobachtet habe, aber ich kann mir sehr gut vorstellen, wie das abgelaufen ist. Als Tom und ich die beiden Ausreißer erreichen, sind sie in Schweiß gebadet, stehen bis zum Bauch im Frühlingsgrün und sind ganz und gar nicht daran interessiert, ihren Ausflug in die Wildnis von Texas zu beenden, die unsere kleine Farm umgibt.

„Lebe so, als ob jemand das Tor offengelassen hätte!"

Das Bild der beiden Esel, die früh am Morgen einen kleinen Ausflug machen und die Gelegenheit für ein Abenteuer nutzen, bringt mich zum Lachen, wann immer ich daran denke. Begierig. Draufgängerisch. Getrieben von Neugier – und einer unendlichen Wissbegier in Bezug auf absolut alles.

Neugier – und dazu gehört auch der Hang, sich einzumischen und ein ausgeprägtes Interesse an allen Vorgängen in seiner Umgebung – ist die Grundlage des Esel-Prinzips. Neugier schaut hinter die Zäune, die wir um unser Denken herum errichtet haben. Neugier bringt den Mut auf, jenseits des Tellerrands nach neuen Informationen, neuen Erfahrungen und Lösungen zu suchen. Neugier öffnet das Tor zu mehr Vorstellungskraft und zu langfristiger Freude am Entdecken und Staunen.

Der Physiker Albert Einstein, der die Relativitätstheorie entwickelte, sagte einmal: „Wichtig ist, dass wir nicht aufhören zu fragen. Neugier hat ihre eigene Daseinsberechtigung. Wir können nicht anders, als ehrfürchtig zu staunen, wenn wir über die Geheimnisse der Ewigkeit und des Lebens und über die wundervolle Struktur der Realität nachdenken. Es reicht, wenn man versucht, jeden Tag nur ein kleines Stück dieses Geheimnisses zu begreifen."

Die meisten von uns wollen nicht begreifen, welche Gesetze das Universum am Laufen halten, wie Einstein das tat. Vielleicht drehen sich unsere Fragen viel eher um alltäglichen Kram wie: „Was soll es zum Mittagessen geben?", oder: „Wie muss Kaffee aufgebrüht werden, damit er am besten schmeckt?" Vielleicht haben einige von uns auch ganz aufgehört, tiefere Fragen in Bezug auf das Leben zu stellen. Wir halten die Tore der Neugier fest verschlossen, um in der Komfortzone – also auf unserer eigenen Koppel – bleiben zu können.

Gestatte dir, neugierig zu sein! Gestatte dir, Ideen nachzujagen, die dich vielleicht herausfordern, die dich reizen und möglicherweise dein vorhersehbares Leben umkrempeln. Fragen zu stellen und so lange auszuharren, bis du eine Antwort bekommen hast, hat Einfluss auf die Entwicklung deines Lebens, deiner Berufslaufbahn und deiner Beziehungen.

Im Mittelpunkt der ausgeprägten Esel-Neugier stehen drei einfache Fragen, die dir helfen können, den Schatz in dir zu entdecken:

Warum nicht?
Was wäre, wenn? und
Wann könnte es passieren?

Warum nicht?

Ich schaute zu dem fraglichen Esel hinüber. An jenem Abend stand er auf einmal wie aus dem Nichts auf unserer Zufahrt, und dann hatten wir unseren Dorf-Sheriff eingeschaltet. Bei einer denkwürdigen Rettungsaktion versuchten mein Mann Tom und ich, dieses störrische Tier auf unsere Koppel zu locken. Wir zogen und schoben, jagten und bestachen ihn.

Im Tageslicht schien er ein ganz gewöhnlicher, grauer Esel zu sein. Nichts Besonderes, nicht bemerkenswert, abgesehen von den tiefen Schnitten, die er davongetragen haben musste, als er Bekanntschaft mit einem Stacheldrahtzaun gemacht hatte. Lange Ohren, eine sehr auffällige Zeichnung, weißes Maul, eine traurige Ausstrahlung – ganz ähnlich wie Eeyore in den Winnie-Puh-Geschichten. Ich hätte ihn davonjagen können und dann wär's das gewesen. Dann hätte ich diese kleine Störung hinter mir gelassen.

Aber irgendwie hat dieser ganz gewöhnliche Esel mein Herz erobert. Vielleicht hat mich sein erwartungsvoller Blick gerade im richtigen Moment gefangengenommen, als ich noch unentschlossen war, wie es weitergehen sollte. Vielleicht entdeckte ich aber auch einen winzigen Schimmer der Hoffnung in diesen sanften Augen.

„Nun, was meinst du, Rachel? Möchtest du ihn erst mal behalten?“ Der Sheriff schaute mich an. Sein buschiger Bart zuckte.

„Na ja, warum nicht?“, erwiderte ich. „Wir können ihn ja noch etwas länger hierlassen, für den Fall, dass sein Besitzer sich meldet und ihn abholt.“

Warum nicht?

Nun, mir fielen ad hoc zehn Gründe ein, warum das keine gute Idee sein würde: Wir haben keine Zeit, um ein Lasttier zu versorgen. Wir wissen gar nichts über die Haltung von Eseln. Wir können uns das möglicherweise gar nicht leisten. Dieses Tier könnte jemanden verletzen. Ich bin nicht wirklich ein „Esel-Mensch“ usw. Diese Liste war lang, aber am Ende sagte mein Herz: *Warum eigentlich nicht?* Was haben wir denn schon zu verlieren?

So manches Mal hatte ich, wenn ich vor großen und kleinen Entscheidungen stand, die Worte auf den Lippen: „Nein, ich kann nicht!“ Die Gründe, die mich davon abhalten wollten, weiterzugehen, waren durchaus nachvollziehbar:

Das ist im Augenblick kein guter Zeitpunkt. Es kostet viel zu viel. Ich bin zu alt, um jetzt noch etwas Neues zu beginnen. Ich bin nicht qualifiziert für dieses neue Wagnis. Es ist zu kompliziert. Ich kann nicht noch mehr Verantwortung übernehmen.

Aber manchmal ist die beste Antwort überhaupt keine Antwort! Sie ist eine Frage, und die lautet:

Warum nicht?

Die Frage *Warum nicht?* macht dich frei zu begreifen, dass die Gründe für ein Nein zwar logisch und nachvollziehbar sein mögen, jedoch nicht unbedingt stichhaltig sind. Die Frage *Warum nicht?* zeigt, was deine Intuition dir zu sagen versucht, indem sie hinterfragt, was begründet, realistisch und vernünftig erscheint. Sie macht dich offen für neue Möglichkeiten. Und die Möglichkeiten? Nun, die führen zu Gelegenheiten.

Margaret Knight gehörte im Jahr 1871 zu den ersten Frauen, die ein Patent auf eine Erfindung anmeldeten. Sie arbeitete in verschiedenen Fabriken und war ständig bemüht, die Arbeitsabläufe zu optimieren. In einer Papierfabrik war es ihre Aufgabe, Papier zu Tüten zusammenzukleben, und sie überlegte: *Könnte man nicht eine Maschine erfinden, die Papiertüten selbstständig schneidet und faltet?* Sie zeichnete Pläne und meldete ein Patent an. Es überrascht wohl niemanden, dass ein Mann ihre Maschine kopierte und behauptete, es sei seine Idee gewesen, doch Margaret gewann den anschließenden Rechtsstreit. Ihre Papiertütenmaschine stellte einfache Papiertüten, wie wir sie noch heute benutzen, in Massenproduktion her und revolutionierte die moderne Welt. Erstaunlich.

Und das war wirklich 1871? Zu jener Zeit war es doch beinahe undenkbar, dass eine Frau eine Erfindung machte. Eben nicht! Und weshalb? Weil Margaret Knight zu fragen wagte: „Warum nicht?“

Diese entscheidende Frage ist nicht nur der Wissenschaft und Industrie vorbehalten, sondern in jedem

Lebensbereich wichtig – auch in der Musik, Kunst und Technologie, in der Landwirtschaft und Erziehung, beim Kochen und bei der persönlichen Zielsetzung. Warum *nicht* einmal einen Schmortopf mit Kardamom würzen? Warum sich *nicht* einmal eine neue Methode überlegen, Landwirtschaft zu betreiben? Warum *nicht* die Kinder mal in ihren Klamotten schlafen lassen? Warum *nicht* noch einen akademischen Abschluss anstreben, wenn du bereits im Ruhestand bist? Warum eigentlich *nicht* dieses Buch schreiben?

Du siehst, die Frage *Warum nicht?* sucht Räume, wo andere nur Absperrungen sehen.

Warum nicht? entdeckt Fenster, wo andere nur festes Mauerwerk wahrnehmen.

Warum nicht? sieht einen Esel, der vielleicht ein Wunder in Gestalt eines Tieres ist.

Warum nicht? entdeckt ein offenes Tor und nutzt die Gelegenheit, neues Gelände zu erkunden.

Tiefer graben

★ Wozu hast du „Nein!“ gesagt, ohne dich vorher zu fragen: „Warum um alles in der Welt denn *nicht*?“

★

★ Welche „logischen, aber nicht unbedingt stichhaltigen“ Gründe halten dich davon ab, eine neue Zukunft zu denken?

★ Hast du dich, wenn du an eine erfüllende Zukunft denkst, jemals gefragt: „Warum nicht *ich*?“ Die Frage *Warum nicht?* lässt häufig deine Intuition, dein Bauchgefühl, deine wahre Absicht sichtbar werden.

Was wäre, wenn?

Es gibt das sogenannte Worst-Case-Szenario. Wenn ich ehrlich bin, hätte ich die Anleitung dafür schreiben können. Und jede Lösung, die ich angeboten hätte, hätte in etwa so ausgesehen: „PANIK! LAUF UM DEIN LEBEN!“

Ich bin nicht darauf erpicht, mir immer den schlimmsten Fall vorzustellen, aber so ticke ich nun mal. Das liegt mir im Blut. Zumindest war das so, bis eine Freundin mir eine entscheidende Frage stellte. Wir unterhielten uns über meine kreativen Träume. Eigentlich war es mir peinlich, ihr auch nur davon zu erzählen, weil sie so lächerlich klangen. Meine Erklärungen waren begleitet von Sätzen wie: „Das mag jetzt vielleicht töricht erscheinen", und: „Ich meine, das ist nur so ein Traum."

Meine Freundin hörte schweigend zu, dann schaute sie mich an und sagte: „Stell dir nur mal für einen Augenblick vor, du würdest deinen Traum wahr werden lassen und deine Bemühungen würden sich auszahlen. Was, wenn du all das, was du gern machen würdest, einmal ausprobieren würdest? Was, wenn du einmal ein Konzept für diesen Kurs erarbeiten würdest? Was, wenn du dieses Kunstwerk schaffen würdest? Was, wenn dein Kreativunternehmen florieren würde?"

Und dann stellte sie die entscheidende Frage: „Wie wäre das für dich?"

Mir fehlten die Worte. Ehrlich, ich hatte schon in so vielen Dingen versagt, dass es mir beinahe unmöglich war, über ihren Vorschlag nachzudenken. Ich schaltete innerlich ab und traute mich nicht zuzulassen, dass sich diese fantastische Vision der Zukunft in mir festigte. Ich ging nach Hause und musste über ihre Worte eine Weile nachdenken, bevor ich das Bild, wie Erfolg aussehen könnte, heraufbeschwören konnte.

Jahre später erzählte ich auf einer Bühne vor vielen Zuhörerinnen von einem schicksalsträchtigen, trostlosen Abend, als ein herumstreunender Esel plötzlich auf meinem Zufahrtsweg stand. Und ich hörte mich sagen: „Ich wünschte, es hätte damals einen Zauberknopf gegeben, der mich in die Zukunft katapultiert hätte, sodass ich hätte sehen können, was passieren würde – genau zu dem Zeitpunkt! Ich wünschte, ich hätte damals schon gewusst, was diese Unterbrechung meines Alltags für Folgen haben würde!"

In Filmen und in der Literatur wird die Vorausblende wie auch die Rückblende gern als Stilmittel genutzt. Durch diesen Kunstgriff wird ein Ereignis oder eine Szene in den chronologischen Ablauf des Werkes eingefügt. Das kann real, erdacht, prognostiziert oder erwartet sein. Man nennt das auch eine *Prolepse.* Prolepse ist abgeleitet von einem griechischen Wort und bedeutet „Vorwegnahme". Die Prolepse soll einen Zusammenhang herstellen zu dem, was in der Gegenwart geschieht, und gibt somit dem gegenwärtigen Geschehen Bedeutung für die Zukunft und Richtung.

Bei der Podiumsdiskussion, von der ich eingangs berichtet habe, erlebte ich auf einmal diesen Moment persönlicher Erkenntnis. Mein Mund bewegte sich, aber meine Gedanken rasten zurück zu jenem Gespräch mit meiner Freundin. „Was wäre, wenn?" Sie regte mich an, mir eine positive Zukunft vorzustellen und meine Gegenwart von dieser Vision gestalten zu lassen. An jenem Abend hatte sie mir einen „Zauberknopf" in die Hand gedrückt, der mich hätte in die Zukunft katapultieren können ... – allerdings hatte ich damals nicht gewusst, was ich damit anstellen sollte.

Ich hätte mir einiges an Herzeleid und Schwierigkeiten ersparen können, wenn ich ihren Vorschlag schon damals ernst genommen hätte. Ich hätte schon viel früher einen persönlichen Lebenscoach anheuern können. Vielleicht hätte ich einige Projekte, die mich meinem Traum kein Stück näherbrachten, gar nicht erst in Angriff genommen. Vielleicht hätte ich den Esel sogar gleich als getarntes Wunder erkannt. Angesichts dieser unerwarteten Alltagsunterbrechung hätte ich mich fragen können: „Was wäre, wenn?" *Was wäre nötig, dass dies meine Antwort wäre?* Ja, was denn?

Was wäre, wenn du in die Zukunft schauen und sehen könntest, wie wichtig die Dinge, die dein Leben im Augenblick ausfüllen, für deine Zukunft sind?

Was würdest du tun, wenn deine gegenwärtigen Bemühungen eines Tages Erfolg bringen würden?

Wie wäre dein Lebensstil, wenn sich deine Investition auszahlen würde?

Wie würde es sich anfühlen, frei zu sein von der Angst vor Versagen?

Wie würde deine Familie aussehen, wenn du ein Kind adoptiert hättest?

Wie wäre es, wenn du eine neue Sprache lernen würdest?

Wie wäre es zu wissen, dass du durch dein Leben etwas bewirkt hast?

Wie wäre es, wenn du dein ideales Leben führen könntest?

Wie würde das aussehen?

Kannst du dir eine Zukunft für dich vorstellen, in der du

gesunde Beziehungen und ausreichend Mittel zur Verfügung hast, persönliche Zufriedenheit, Großzügigkeit und ein erfülltes geistliches Leben erlebst? Wie würde das für dich aussehen?

Ich lade dich jetzt, in diesem Augenblick, ein, dir zu gestatten, neugierig zu sein in Bezug auf deine Zukunft. Sieh dir an, was rund um dein Leben so passiert, und frage dich selbst: „Was wäre, wenn?“

Tiefer graben

★ Male dir das folgende Szenario aus: Wie wäre es, wenn die Träume, die du für dein Leben hast, in Erfüllung gingen?

Wann wird es sein?

Henry trottet am Zaun, der gegenüber von unserem Haus liegt, auf und ab. Mit aufgestellten Ohren und stehender Mähne ist er bereit, den Tag in Angriff zu nehmen. Von seinem Aussichtspunkt kann er durch die Glastüren in meine Küche schauen, wo der Morgen begonnen hat. Ich schlurfe zur Kaffeekanne, um die magische Flüssigkeit in meinen Becher zu gießen, und setze mich für einige Augenblicke an den Tisch, um nachzudenken und/oder in die Ferne zu starren (was genau, verrate ich nicht). Ein Eselschrei – so durchdringend, wie man es sich gerade noch vorstellen kann – zerreißt die Luft. Henry hat auf die Uhr in seinem Magen geschaut und festgestellt, dass schon längst Zeit zum Frühstücken ist.

Obwohl er den großen Zeiger auf dem Zifferblatt nicht von dem kleinen unterscheiden kann, hat Henry kein Problem mit der Uhrzeit. Der kleine, stämmige Kerl mit dem Kugelbauch hält sich akribisch an seinen Zeitplan:

8:00 Uhr: morgendliches Toben mit Flash
9:00 Uhr: Frühstück der Champions (natürlich Heu)
10:00 Uhr: Kleines Schläfchen
11:00 Uhr: Am Zaun entlangschreiten wie ein Wachposten
12:00 Uhr: Grasen auf der vorderen Koppel
13:30 Uhr: Mittagsschlaf
15:00 Uhr: Freizeit: Grasen, Imbiss, Flash ein bisschen ärgern
16:00 Uhr: Kleines Schläfchen

17:00 Uhr: Zurück auf die Koppel
18:00 Uhr: Lieblingsabendessen (Heu natürlich, mit einem kleinen süßen Nachtisch)

Henry wird ein wenig nervös, wenn die Routine gestört wird. Manchmal bin ich den ganzen Tag unterwegs, und der Ausflug zur vorderen Weide muss ausfallen, oder das Gras wächst so reichlich, dass kein Heu zugefüttert werden muss. Er nimmt seine Patrouille wieder auf, und eine gastrointestinale Explosion ist nicht ausgeschlossen. (Henry hat Probleme damit.)

Zum Glück gibt es den ausgeglichenen Flash, der Abweichungen von der Norm gelassen hinnimmt. Dass er sich durch nichts aus der Ruhe bringen lässt, hat einen beruhigenden Einfluss auf Henry, der erst im Nachhinein merkt, dass die Welt nicht aufhört sich zu drehen, wenn die Abläufe eine Stunde oder einen Nachmittag Verspätung haben. Trotzdem tut es auch Flash gut, wenn der Tagesablauf vorhersehbar ist, und Henry ist derjenige, der hilft, diesen Zeitablauf festzulegen.

„Wann?“, das ist die Frage, nach der Henry lebt. Der Zeitplan hilft ihm, seinen Verpflichtungen als „Kleiner Herr der Koppel“ gerecht zu werden und gibt ihm eine klare Richtung vor, wenn er das Gefühl hat, dass das Leben außer Kontrolle geraten ist. Ich bewundere das sehr.

Als kreative Künstlerin und Autorin empfinde ich eine Abneigung gegen einen genauen Zeitplan oder die Festlegung einer Frist. Denn schließlich weiß ich nicht immer genau, wann oder für wie lange mich die Muse küsst. Manchmal ist es doch einfach besser, sich treiben zu lassen, wenn der Wind der Inspiration weht ... Ich meine, um eine maximale Produktivität zu erreichen, stimmt's?

Gut, ich gebe zu, es kann natürlich passieren, dass der Flow zum Beispiel mit Arztterminen kollidiert oder mit den Bedürfnissen der Kinder, mit den Plänen eines Freundes, bei denen nur ich helfen kann oder mit der neuen Episode einer Netflix-Serie, die ich auf keinen Fall verpassen will, mit einer Fahrt zum Supermarkt auf die letzte Minute oder damit, dass das Blumenbeet auf einmal dringend von Unkraut befreit werden muss. Oder natürlich von dem fürchterlichen Durcheinander in der Besteckschublade. *Wer führt diesen Laden überhaupt?* Alles fordert gleichzeitig meine Aufmerksamkeit – meistens genau dann, wenn ich mich hinsetzen könnte, um an meinem Projekt zu arbeiten.

Wann also ist der richtige Zeitpunkt?

Die Antwort ist, sich festzulegen.

Wann will ich fertig sein? Setze dir ein Datum.

Wann soll das Mittagessen sein? Lege eine Uhrzeit fest.

Wann ist die Deadline für das Manuskript? Viel früher als ich denke.

Wann werde ich meine Träume in einem Kalender eintragen? Heute. Heute um soundsoviel Uhr werde ich das machen.

Träume festzuklopfen ist das Ding von Superhelden, Titanen und Eseln wie Henry. Routinen helfen uns, ruhig zu bleiben – trotz großer Herausforderungen und persönlichem Stress. Sie machen den Unterschied aus zwischen Erfolg und Versagen, Leistung und Enttäuschung. (Okay, es hilft, Freunde wie Flash zu haben, der sich durch nichts aus der Ruhe bringen lässt. Das macht Mut, wenn alles aus dem Ruder läuft, aber darum geht's hier gerade nicht.)

Was ich sagen will, ist: Wenn du das „Wann" festlegst, kann die Vision, die sich dir aufgetan hat, als du gefragt hast: „Warum nicht?", und die du hattest, als du gefragt hast: „Was wäre, wenn?", zu einer wunderschönen Realität werden.

Benjamin Franklin wusste um die Macht einer täglichen Zeitplanung. Fest eingeplant in seinen Tagesablauf war Zeit für Weiterbildung, Arbeit, Ruhe und die Pflege von Freundschaften. Der Erfinder, Denker und Philosoph hatte erkannt, dass seine Ideen eine Struktur in Form eines Zeitplans brauchen, damit sie vom Zeichenbrett in Realität verwandelt werden können.

Die Frage ist: „Wann wird es sein?", und die Antwort darauf: *Esel-mutig*. Es bedeutet, dass du deinen Traum endlich ernst nimmst und ihm einen angemessenen Platz in deinem Kalender einräumst.

Tiefer graben

★ Nimm deinen Terminkalender oder öffne deine Kalender-App und beantworte die Frage: „Wann?"

★ Wähle ein Datum für die Fertigstellung des Projektes, von dem du träumst.

★ Ich werde ... (Projekt eintragen)

an diesem Tag fertigstellen .... (Datum eintragen)

★ Das soll meine tägliche Routine werden (Denk an den „Herrn der Koppel“):

Lebe, als ob jemand das Tor offen gelassen hätte.

Flash und Henry

Kapitel 2

Anstreben

Die vergoldeten Türen des Gasparini-Saals im königlichen Palast von Spaniens König Karl III. werden von den beiden uniformierten Pagen, die zu beiden Seiten stehen, gleichzeitig geöffnet. Es ist das Jahr 1785, kurz nach der amerikanischen Revolution.

„Der ehrwürdige William Carmichael, amerikanischer Gesandter", verkündet der Sekretär des Königs, als Mr Carmichael den Saal betritt. Seine Absätze hallen auf dem im Blumenmuster gelegten Mosaikboden wider und lassen den prächtig ausgestatteten Saal noch größer erscheinen, falls das überhaupt möglich ist. Unter dem riesigen Leuchter in der Mitte der bemalten Decke bleibt der amerikanische Gesandte stehen und wartet, bis König Karl III. ihn zu sich heranwinkt.

Der König wirft einen Blick in sein Audienzbuch und liest den Eintrag neben Mr Carmichaels Namen: „Überbringt eine Bitte von George Washington." Er nickt wissend. Persönliche Bitten der Weltführer sind für ihn nichts Neues. Der clevere spanische Herrscher hat seine Macht konsolidiert und bei internationalen Verhandlungen geschickt agiert, und er ist bereit, Mr Washington in jeder nur möglichen Weise zu helfen, vor allem, wenn er sich durch eine Gefälligkeit die amerikanische Unterstützung gegen England sichern kann. In Gedanken geht er schnell mögliche Gunstbezeugungen durch: Vielleicht eine Villa auf dem Land? Spanischen Marmor für seinen privaten Wohnsitz? Irgendein geheimes Militärbündnis? Ein Darlehen von beträchtlicher Höhe? Gespannt lehnt er sich auf seinem mit Samt bezogenen Thron zurück und wartet.

Nach dem Austausch formeller Höflichkeiten kommt Mr Carmichael zum Punkt.

„Sir, in Spanien gibt es einiges, das per Gesetz vom Export ausgeschlossen ist. General Washington hat in den vergangenen vier Jahren vergeblich versucht, auf konventionellem Weg eines dieser Produkte nach Amerika zu importieren ... aber bisher ohne Erfolg."

König Karl III. beugt sich vor. „Was wünscht sich der General?"

Carmichael räuspert sich.

„Die Esel, Sir. Der General hätte gern zwei Esel."

„Aha." Der König reibt sich das Kinn und beginnt zu lächeln. „Die Esel, natürlich." Spaniens andalusische Esel sind wegen ihrer Größe, Kraft und Schönheit so berühmt, dass er sie in seinem Land behalten will. Eines der Tiere aus Spanien auszuführen ist nur mit einer Genehmigung möglich, die allein der König erteilen kann. Er lässt die Bitte eine Weile in der Luft hängen, bevor er mit der rechten Hand abwinkt.

„Richten Sie General Washington aus, dass ich seiner Bitte gern nachkommen werde. Ich werde persönlich zwei unserer schönsten Esel auswählen und sie von königlichen Händlern zum Hafen seiner Wahl bringen lassen", erklärt er. Der General hätte um fast *alles* bitten können, egal wie schwer es zu bekommen oder wie teuer es wäre, er hätte es ihm gewährt. Doch er will nichts anderes als Esel haben – spanische Esel.

George Washington machte sich sofort an die Vorbereitungen für die Überfahrt der beiden ausgewählten Tiere, die er schon so lange haben wollte. Doch leider überlebte nur einer der Esel die Reise. Das machte den Präsidenten sehr traurig. Jede Etappe der monatelangen Reise zu Fuß (und Huf) vom Bostoner Hafen nach Mount Vernon in Virginia wird von seinem Assistenten John Fairfax akribisch geplant und überwacht. Mit dem „Königsgeschenk", wie Washington den Esel nennt, will er neue Tiere züchten, die die Landwirtschaft und Industrie revolutionieren und das Land zum wirtschaftlichen Machtzentrum ausbauen sollen.

Dass ein Esel aus Spanien den technologischen Fortschritt der Industrie herbeiführen soll, verwundert uns moderne Menschen. George Washington hatte hohe Ziele für das „Königsgeschenk", und durch die Kreuzung mit amerikanischen Arbeitspferden gelang ihm die Zucht einer Eselart, die an einem einzigen Tag bis zu sechzehn Morgen Land pflügen konnte – damals eine unvorstellbare Leistung.

Mit wenig Futter und Wasser waren sie in der Lage, schwere Lasten zu ziehen, mit einer Ausdauer, über die die Menschen nur staunen konnten. Die von ihm so verehrten Esel verwirklichten das, „was sein könnte" im neuen Zeitalter des Idealismus und der Aufklärung. Sie verwandelten das Land im Westen in Farmland und halfen beim Bau von Eisenbahnen und Städten. Nach und nach wurden sie zum Sinnbild für Integrität, harte Arbeit und fröhlichen Optimismus – Eigenschaften, die niemals veraltet oder vergessen sein werden.

Was soll dieser kleine Ausflug in die Geschichte? Um ein erfülltes Leben zu führen, um die Verheißung dessen, „was sein könnte", zu erfüllen, müssen wir uns solche *abwegigen Ziele* gestatten und sie anstreben. Wir müssen unser wahrhaftigstes, bestes und tapferstes Ich sein.

Wahrhaftig

Dies ist die große Wahrheit über dich: Du bist genug, und du bist es wert.

Du bist es wert, geliebt zu werden.
Du bist es wert, wunderbare Beziehungen zu haben.
Du bist es wert, dass dir gute Dinge begegnen.
Du bist es wert, gesehen und gehört zu werden.
Du bist es wert, mit diesen Rennpferden zu laufen.
Du bist es wert, dein „Esel-Ich" nicht unter den Scheffel zu stellen.

Dein wahrhaftigstes Ich ist das Ich, das sorglos schläft, hoffnungsvoll aufwacht, die Unvollkommenheiten des Lebens gnädig akzeptiert und auf einen tiefen Brunnen der Weisheit zurückgreift, um den Herausforderungen gewachsen zu sein.

Dein wahrhaftigstes Ich ist mit sich selbst im Reinen, dein inneres Ich stimmt mit dem äußeren Ich überein. Du bist genug.

Dein Wert ist intrinsisch. Dein Wert ist unermesslich. Dein Herz schlägt im Rhythmus dieser Gedanken: *Ich gehöre hierher. Dieses Leben gehört mir. Ich bin es wert, es voll auszukosten.*

„Niemand will so einen Esel", hatte der Sheriff damals zu mir gesagt, als der herumstreunende Esel plötzlich auf meiner Zufahrt stand. „Wenn ich ihn in Verwahrung nehme, werde ich ihn vermutlich nicht mehr los." Er räusperte sich. „Gute Frau, ich sage das nur ungern, aber solche Esel landen am Ende auf einem Lastwagen, der sie wegen ihres Fells zum Schwarzmarkt bringt. Sie sind tot mehr wert als lebendig."

Aber diese sanften braunen Augen sagten mir etwas anderes. In Flashs Blick sah ich etwas, das mein Herz berührte – etwas Warmes, etwas, das mich hinter diesen Augen eine Seele vermuten ließ, die traurig und verloren war und darauf hoffte, dass jemand seinen Wert erkannte und ihn nach Hause holte.

Was für Flash, den Esel, gilt, gilt auch für dich.

Du warst wertvoll, noch bevor jemand deinen Wert erkannte. Noch bevor du deinen ersten Atemzug getan hast, wurdest du geschaffen, um zu sein, nicht um „Leistung" zu bringen, aber zu einem *Dasein*, das von tief innen kommt. Es ist das Wissen, die Gewissheit, das Gefühl, dass es richtig ist und du in diese Welt gehörst und dass du deines Platzes hier würdig bist.

Du kannst tatsächlich sorglos schlafen. Du kannst tatsächlich hoffnungsfroh aufwachen. Du kannst tatsächlich jeden Tag zuversichtlich leben. Du kannst dich voller Weisheit und Freundlichkeit deinen Herausforderungen stellen. Warum? Weil dein wahres Ich alles hat, was du brauchst, um zu gedeihen, das Gold tief in dir zu entdecken und zu erleben, dass deine wildesten Träume Wirklichkeit werden.

Jeder von uns verbringt unverhältnismäßig viel Zeit im Konkurrenzkampf mit anderen auf der Rennstrecke der Karriere und des persönlichen Fortkommens. Wir geben vor, schlau und erstklassig zu sein, geschaffen für Geschwindigkeit und Ruhm, während wir doch tief in unserem Inneren wissen, dass wir eigentlich gar nicht so sind. Die Täuschung vermittelt uns ein falsches Gefühl der Zugehörigkeit. Erst wenn wir endlich unser wahres „Esel-Ich“ annehmen, fangen wir an, ganz natürlich dazuzugehören.

Brené Brown drückt dies folgendermaßen aus: „Wahre Zugehörigkeit ist die geistliche Praxis, so fest an deinen Wert zu glauben, dass du dein authentisches Ich mit der Welt teilen und Heiligkeit finden kannst – sowohl, wenn du Teil von etwas bist, als auch wenn du allein in der Wüste stehst. Um wirkliche Zugehörigkeit zu empfinden, brauchst du nicht zu *ändern*, wer du bist. Du brauchst nur zu *sein*, der du bist.“

Wahr ist, dass du aller Liebe wert bist, die diese Welt zu bieten hat – einschließlich alles Schönen und Guten.

Du bist genug.

Tiefer graben

★ Schreibe etwas über dich, was du bisher vor anderen verborgen hast.

★ Wie wäre es für dich, als Person ganz authentisch zu sein? Als Leiter? Als Freund oder Freundin?

- ★ Wann wirst du deinen „inneren Esel“ umarmen?
- ★ Datum:

Dein Bestes

Hör auf zu versuchen, dein bestes Leben zu leben. Das klingt jetzt ein bisschen kontraproduktiv, stimmt's? Natürlich solltest du versuchen, dein Bestes im Leben zu geben!

Oder etwa nicht?

Immer ist da dieser Druck, die bestmögliche Version unseres Lebens zu leben. Du musst den besten Job haben, den besten Wagen fahren, die besten Dinge besitzen, den besten Körper präsentieren. Lebe jeden Augenblick auf die bestmögliche Weise. Das ist fabelhaft! Es ist das BESTE! Aber ganz ehrlich: Es ist auch anstrengend.

Der Anspruch, die Beste zu sein, wird überbewertet. Also, was passiert, wenn du etwas ganz anderes möchtest?

Bei deinem Bemühen, die Beste zu sein, kannst du leicht vergessen, einfach *gut* zu sein.

Als Mutter von Teenagern saß ich einmal zutiefst entmutigt allein in meinem Schlafzimmer und wischte mir die Tränen ab. Ein Streit hatte mich in mein Zimmer getrieben. Worum es ging, weiß ich gar nicht mehr. Wieder einmal machte ich mir Vorwürfe, versagt zu haben. Gedankenversunken öffnete ich die Schublade meiner Kommode. Ein altes Tagebuch, das ich schon lange vergessen hatte, fiel mir in die Hände. Ich blätterte die Seiten durch und blieb an einem Eintrag hängen. Wieder begannen die Tränen zu fließen, aber dieses Mal aus einem ganz anderen Grund. In ein paar hingekritzelten Zeilen berichtete ich von einem Augenblick vor vielen Jahren, als ich mit meinem zweijährigen Sohn in einem roten Bollerwagen zum Park unterwegs war. Die Sonne schien, die Vögel zwitscherten, und der kleine blonde Junge saß in dem Wagen, den ich über den Bürgersteig zog. Auf einmal ertönte sein dünnes Stimmchen. „Mami, du bist die beste Mama, die ich je gesehen habe."

Bei seinen Worten blieb ich abrupt stehen. Beste Mama.

Als ich diese Zeilen von vor so langer Zeit las, wurde mir eines klar. Ich hatte mir so große Mühe gegeben, die *beste* Mama aller Zeiten zu sein, dass ich dabei einfach vergessen habe, wie wichtig es ist, eine *gute* Mutter zu sein. Ich brauche mich nicht bemühen, jede Situation zu kontrollieren. Ich brauche nicht nach Perfektion zu streben. Ich kann all das loslassen und mich auf meine Familie konzentrieren, mit allen ihren Fehlern und Macken. Ich habe die Freiheit, zu meinen Fehlern zu stehen und aus ihnen zu lernen, anstatt mir Vorwürfe zu machen, dass ich überhaupt Fehler gemacht habe.

Ich legte das alte Tagebuch zur Seite und schaute durch das Fenster zur Weide hinüber. Da stand Flash und kaute genüsslich seinen Klee, zufrieden und gelassen. Er schaute auf, als sein neuer Freund Henry näherkam und gleich neben Flash seine Nase in das saftige Grün versenkte, und ich befürchtete, dass er den Eindringling bestimmt mit einem Schnauben oder Stoß verscheuchen würde. Denn der Klee reichte nicht für beide. Flash ist Meister darin, Weide-Gebiete aufzustöbern und zu verteidigen ... und dies war *sein* Weideplatz. Doch Flash trat einen Schritt zur Seite, und die Esel ließen sich Nase an Nase das begehrte Grün schmecken.

„Guter Esel", flüsterte ich. *Er ist einfach der Beste.*

Eins ist klar, nur eine Person kann die Beste bei etwas sein. Der Augenblick des Ruhms ist flüchtig, und dann steht ein anderer bereit, um den Platz ganz oben einzunehmen.

Aber gut? Hey, gut geht immer! Es kommt niemals aus der Mode. Diese Krone kann dir niemand jemals wegnehmen.

Diese Welt braucht das Gute, das du anzubieten hast.

Sei ein guter Freund.

Sei ein guter Nachbar.

Sei eine gute Mutter, ein guter Vater.

Sei ein guter Sohn.

Sei eine gute Tochter.

Sei ein guter Arbeiter.

Sei ein guter Leiter.

Gut zu sein bedeutet, dass du einen Blick hast für die Nöte anderer. Du findest Wege, Freundlichkeit und Freude zu schenken. Du bringst Licht und Leben, wo immer du bist.

Ein gutes Beispiel hierfür ist Tom Shadyac. Er lebte „sein bestes Leben" in Hollywood, wo er bei Filmen wie

Ace Ventura – Ein tierischer Detektiv und *Der verrückte Professor* erfolgreich Regie führte. Doch ein Fahrradunfall im Jahr 2007 verstärkte in ihm ein Gefühl, das ihm unterschwellig schon lange keine Ruhe ließ, nämlich, dass sein Leben leer war. So beschloss er, seinen Ruhm und sein Vermögen gegen ein mobiles Heim und ein Fahrrad einzutauschen ... und er nahm sich vor, seinen Besitz mit anderen zu teilen. Jetzt führt er ein gutes (und glückliches) Leben und genießt seinen kreativen Beruf, während er gleichzeitig Menschen hilft. Tom hat das Geheimnis entdeckt, Raum für Großzügigkeit und Freundlichkeit zu schaffen.

In unserer heutigen Zeit wird „gut" unterbewertet. „Gut" ist eigentlich besser als das Beste. „Gut" lässt Raum für Stürze, für das Unerwartete, für Gnade. Es weiß, dass einige der kostbarsten Geschenke des Lebens in einer ganz gewöhnlichen Verpackung daherkommen. Es gestattet, freundlich zu dir und zu anderen zu sein.

Lass dich nicht durch deinen Wunsch, die Beste zu sein, des Guten berauben, das um dich herum ist, oder dir die Fähigkeit nehmen, Gutes zu tun im Hier und Jetzt.

Hör auf zu versuchen, das Beste im Leben erreichen zu wollen.

Lebe stattdessen ein *gutes* Leben.

Tiefer graben

★ Schreib doch einmal auf, wie du den Perfektionismus und das Bedürfnis, „die Beste" zu sein, ablegen kannst und überlege, ob du das nicht mal probieren willst.

★ Wie würde ein „gutes“ Leben für dich aussehen?

★ Wann wirst du einfach etwas „Gutes“ für andere tun? Schreibe auf, was dir als Erstes in den Sinn kommt.

★ Und dann lege ein Datum fest:

Mutig

Dein mutigstes Ich ist bereit, es noch einmal zu versuchen.

„Komm schon, Kumpel. Du kannst das! Das ist für dich doch kein Problem." Leise rufe ich nach Flash und schüttle den Eimer mit Hafer, um ihn anzulocken.

Flash steht vor der überdachten Veranda und schaut mich mit seinen tiefbraunen Augen an. Scin Blick senkt sich auf den Betonboden, während er über die Bedeutung seines nächsten Schrittes nachdenkt. Er wird auf den glatten Untergrund treten müssen, um dorthin zu kommen, wo ich die köstliche Belohnung für ihn bereithalte.

Ich warte. Er ist hin- und hergerissen. Eigentlich ist es doch ganz einfach: Über die Veranda laufen – genau wie es die zweibeinigen Typen ständig machen.

Aber für einen Esel ist es eben nicht so einfach.

Die Aussicht, einen ihm nicht vertrauten Untergrund zu betreten, beunruhigt ihn und macht ihm Angst. Von Gras auf Steine zu treten oder von Erde auf Pflasterbelag fordert von ihm großes Vertrauen zu der Person, die ihn führt. Ein Esel hat immer Angst davor, den Halt zu verlieren. Das ist ein natürlicher Instinkt. Und den Halt zu verlieren bedeutet, die Kontrolle zu verlieren. Es bedeutet, verletzlich zu werden für Angriffe, schwach zu wirken und sich unsicher zu fühlen.

Wir Menschen reagieren auf Veränderungen doch ganz ähnlich. Eine unerwartete Veränderung in unserem Leben – der Verlust der Arbeitsstelle, ein neuer Beziehungsstatus, ein Umzug in einen anderen Teil des Landes oder einfach die Konfrontation mit neuen Informationen, die unsere Überzeugungen in Frage stellen – so etwas hat zur Folge, dass wir aus Angst abrupt stehen bleiben. Was liegt vor uns? Was wird die Zukunft bringen? Wird der Untergrund mich halten oder unter mir nachgeben? Welches ist meine Ausstiegsstrategie?

Der Mut fordert uns auf, einen Schritt zu wagen. Er hält auch Belohnungen bereit: persönliche Weiterentwicklung, Bewusstseinswandel und neue Möglichkeiten. Der Mut fordert uns auf zu vertrauen. Wie oft stehen wir an einer Schwelle und bemühen uns, den Mut für diesen ersten Schritt aufzubringen.

Flash macht einen vorsichtigen Schritt auf den Beton. Er lässt den Eimer in meiner Hand nicht aus den Augen. Einige Steinchen vom Weg haben sich in seinen Hufen festgesetzt, darum rutscht er beim zweiten Schritt ab. Er will sich noch abfangen, doch es ist zu spät. Seine Beine rutschen in alle Richtungen auseinander wie bei einer Figur aus einem Cartoon, bevor er sich wieder fängt. Mit geblähten Nüstern schaut er mich vorwurfsvoll an, als wollte er sagen: „Ich wusste doch, dass das keine gute Idee ist!“

Mit eingezogenem Schwanz und angelegten Ohren tritt Flash hastig den Rückzug an. Seine Muskeln zittern, seine Hinterbeine tasten nach dem Rand des Zementbodens.

Dieser Versuch hat ihn traumatisiert, und ich weiß, dass ich noch mehrere Anläufe werde nehmen müssen, bis er genügend Selbstvertrauen haben wird, überhaupt noch einmal auf der Stufe zu stehen. Dieser Fehlschlag wird jetzt Kopfkino in ihm auslösen und ihn für immer daran erinnern, wie gefährlich es ist, sich auf unbekanntes Terrain zu wagen.

Wenn unsere ersten Schritte auf ein Hindernis stoßen, sind wir versucht, den Schwanz einzuziehen und uns zu verstecken. Es hilft, sich daran zu erinnern, dass die meisten Menschen, die viel erreicht haben und die wir für ihre Leistungen bewundern, auf ihrem Weg zum Erfolg viele Rückschläge einstecken mussten. Abraham Lincoln zum Beispiel musste viele Hindernisse überwinden, bevor er Präsident wurde. Als Kind war er gezwungen, arbeiten zu gehen, um zum Lebensunterhalt seiner Familie beizutragen. Für Schul- und Ausbildung blieb da nur wenig Zeit. Später erlebte er unternehmerisches Scheitern. Seine Schuldenlast wuchs immer mehr an. Auch scheiterte er bei mehreren Kandidaturen für den Kongress. Sein Weg zum Weißen Haus war kein leichter, doch er zeigte Durchhaltevermögen und wurde einer der berühmtesten Präsidenten Amerikas.

Bettye LaVette, die von der *New York Times* als „eine der besten Jazz-Interpretinnen ihrer Generation“ bezeichnet wurde, hatte erst später in ihrem Leben Erfolg. Obwohl sie in den 1960-er und 70-er Jahren einige Hits einspielte, hatte sie nie Glück mit ihren Plattenverträgen. Vielleicht lag es auch daran, dass die Förderung der Schallplattenlabels zu wünschen übrig ließ. Trotzdem gab sie nicht auf. Wann immer sie eingeladen wurde, gab sie Konzerte. Anfang 2000 schließlich kam ihr großer Durchbruch. Sie wurde in Frankreich „wiederentdeckt", als einem Produzenten einige lang verloren geglaubte Kassetten in die Hände fielen und eine Neuaufnahme ihres Liedes „Let Me Down Easy" auf den Markt kam. Ihr Durchhaltevermögen über Jahrzehnte hinweg wurde mit zwei Grammy-Nominierungen, Fernsehauftritten, Konzerten und Musikpreisen belohnt. Mittlerweile hat Miss LaVette die Siebzig überschritten. Ihre Bereitschaft, es immer wieder zu versuchen und nicht aufzugeben, ist eine Inspiration für uns alle.

Mut ist, die Entscheidung zu treffen, sich für die Belohnung, die am anderen Ende wartet, auf unwegsames Gelände zu wagen. Es ist kühn, dafür allen Mut zusammenzunehmen. Manchmal ist die Belohnung ein Eimer Hafer, manchmal ist es eine neue Möglichkeit, manchmal ist es Stolz auf die persönliche Leistung. Aber der Mut sagt: „Ich werde es wieder versuchen."

Irgendwann lernte Flash tatsächlich, den Betonboden der Veranda wie ein Profi zu überqueren. Zwar brauchte er einige Anläufe, bis er den Mut dazu aufbrachte und seinen Beinen vertraute, aber als er es schließlich tat, lief er mit hoch erhobenem Kopf und flatternden Ohren ... geradewegs zum Eimer mit dem Hafer.

Seien Sie mutig. Sie haben alles, was Sie brauchen, um weiterzugehen.

Tiefer graben

★ Wie wäre es, wenn du die Angst, die dich zurückhält, beim Namen nennst?

★ Wie wäre es, ohne diese Angst zu leben?

★ Wann wirst du diesen ersten Schritt zu einem neuen Versuch tun?

★ Datum:

Offenbare
deine
Geschichte

Kapitel 3

Ehre zuerkennen

„Wach auf, Estelle! Heute ist der Tag!“

Dick eingemummelt in eine warme Decke gähnt das Mädchen verschlafen. Estelle ist vierzehn Jahre alt und daran gewöhnt, früh aufzustehen.

Ihre morgendliche Aufgabe ist es, die Ziegen zu melken und das Feuer zu schüren. Doch als sie die aufgeregte Stimme ihrer Mutter hört, fährt sie im Bett hoch. Und da fällt es ihr wieder ein. Sie weiß jetzt wieder, warum dieser Tag so besonders ist. Es ist der 14. Januar 1512, und ihr kleines französisches Dorf ist schon seit einiger Zeit mit den Vorbereitungen für das Eselsfest beschäftigt.

Dieses Fest ist eine Würdigung der biblischen Esel, vor allem des Esels, auf dem Maria geritten ist, als sie mit Josef und dem kleinen Jesus nach Ägypten floh. Estelle, das hübscheste Mädchen im Dorf, wird die Rolle der Maria übernehmen bei der Prozession durch die Straßen der kleinen Gemeinde bis zur Kirche. Im Anschluss an die Prozession wird es eine besondere Messe und ein Wohltätigkeitsfest geben.

In einem blauen Wollkleid mit einem cremefarbenen Umhang über ihren Schultern steigt Estelle auf einen kleinen grauen Esel namens Cleo. Seine Mähne und sein Schwanz sind mit Bändern festlich geschmückt. Der kleine Esel hat schon einige Feste erlebt und wartet geduldig auf den Beginn der Prozession. Estelle wird ein zappelndes Bündel in die Arme gelegt. Ihr kleiner Neffe soll den Jesus spielen. Und schon geht es los über die Kopfsteinpflasterstraße zum Marktplatz. Estelle wird nervös, als sie die jubelnde Menge am Weg sieht, doch schon an der ersten Straßenecke schmilzt alles Unbehagen dahin. Das ist der Moment, in dem sie sich daran erinnert, dass ja nicht *sie* am heutigen Tag im Mittelpunkt des Interesses steht. Bei dieser Feier geht es allein um den Esel. Cleos Ohren richten sich beim Klang von Estelles Stimme auf. Sie streichelt ihn sanft und schiebt dann ihre Hand schnell wieder unter das Baby. Die Menge drängt vorwärts. Die Dorfbewohner läuten ihre Glöckchen und singen das Lied, das seit Jahrhunderten zu diesem Anlass gesungen wird:

„Aus den Ländern im Osten kam ein hochherrschaftlicher Esel höchsten Ruhmes, so schön, so stark und gepflegt, keine Last war zu groß für ihn. Gegrüßet seist du, werter Esel, gegrüßet."

Cleo scheint sich über die ganze Aufregung zu amüsieren. Die Stufen der Kirche hoch und hinein in den Gottesdienstraum. Der Esel läuft klappernd weiter durch den Mittelgang zum Altar, wo das einstudierte Theaterstück beginnt. Wie auf ein Stichwort schüttelt er die Ohren und schreit. Der klagende Laut erfüllt die aus Stein gebaute Kirche und bringt die Versammelten zum Lachen. Nacheinander kommen die Schauspieler nach vorn und erweisen ihm ihre Ehrerbietung: Drei Weise bringen Geschenke, Hirten verbeugen sich tief, Frauen hängen Blumenkränze um den Hals des Esels. Cleo steht vorn und im Mittelpunkt. Mit aufgestellten Ohren und zur Seite gelegtem Kopf verfolgt er das Geschehen.

„Heute ehren wir den Esel, der den Herrn Jesus in Sicherheit gebracht hat", beginnt der Priester seine Predigt. „Wir erinnern uns an seinen Dienst, und wir danken für Gottes demütige Kreatur, die den Sohn Gottes auf ihrem Rücken getragen hat." Ein Junge, der einen Hirten spielt, krault Cleo an den Ohren, und der Priester erzählt von anderen Eseln in der Bibel: Bileams Esel, dem Weihnachtsesel und dem jungen Eselfohlen, auf dem Jesus am Palmsonntag in Jerusalem eingezogen ist. Alle spielten eine wichtige Rolle in der großen Geschichte der göttlichen Liebe. Seine Predigt beschließt er nicht wie sonst mit einem „Amen", sondern mit drei lauten Eselsschreien: *„Iah, Iah, Iah!"*

„Iah, Iah, Iah!", antworten die Gottesdienstbesucher und fallen vor lautem Gelächter fast von den Kirchenbänken. An dieser Stelle beginnt das Baby zu weinen, und Cleo trabt mit fliegenden Bändern und Girlanden zum Ausgang. Estelle drückt das Baby fest an sich und klammert sich an der Mähne fest. Der Esel jagt in den Hof, vorbei an den Tischen, die hoch beladen sind mit frischem Brot und getrockneten Früchten für das Fest. Vor dem Springbrunnen

kommt er zum Stehen. Seelenruhig beginnt der Ehrengast an einer Möhre zu knabbern, die von einem Tisch gefallen ist. Unter dem Jubel der Menge verspeist er genüsslich seine Leckerei.

Das mittelalterliche Eselsfest war eine Feier zu Ehren der bescheidenen Tiere, die den Sohn Gottes auf ihrem Rücken getragen haben. Wenn wir es uns angewöhnen, anderen Ehre zu erweisen, hilft *uns* das gleichzeitig, selbst demütig zu leben, voller Dankbarkeit den zum Teil unspektakulären Menschen und Umständen gegenüber, die uns dahin gebracht haben, wo wir sind. Unsere Erfolge – und alles von dauerhaftem Wert, worüber wir uns freuen – fällt uns nicht einfach durch unsere eigenen Bemühungen in den Schoß. Nur in der Gemeinschaft von Menschen werden Erfolge errungen, Fehlschläge verkraftet und kann ein Traum Wirklichkeit werden. Menschen, die diese Art der Demut leben, sind die besten Leiter, Denker und Künstler. Sie wissen, wie wichtig es ist, Ehre zuzuerkennen, wo es verdient ist.

Wir tun gut daran, die „Esel" zu ehren, die geholfen haben, unsere *eigene* göttliche Geschichte zu tragen: unsere Vergangenheit, unsere Gegenwart und unsere Leute.

Deine Vergangenheit

Ehre die Vergangenheit, die dich dorthin gebracht hat, wo du bist.

Deine Geschichte – wie bescheiden sie auch immer sein mag –, verdient es, in den Mittelpunkt gestellt zu werden und eine angemessene Anerkennung ihrer Rolle in deinem gegenwärtigen Leben zu bekommen. Manchmal fällt es schwer, ruhig zu bleiben, wenn du erzählst, wie du die geworden bist, die du jetzt bist. Vielleicht fühlst du dich wie Cleo unbehaglich an einem Ort heiliger Gegenwart, und du kannst nicht anders, als einen nervösen Eselsschrei auszustoßen. Manchmal machen wir Witze oder versuchen, die Aufmerksamkeit von uns wegzulenken als Verteidigungsmechanismus gegen die Scham, die durch die Ernsthaftigkeit des Augenblicks in uns hochsteigt.

Ich sollte nicht hier sein, denkst du vielleicht. *Ich gehöre nicht hierher*. Aber vergiss nicht, dies ist ein spezielles Eselsfest – also der geeignete Zeitpunkt, die „Absurdität" anzuerkennen, dass sogar Esel ihren Platz in der Welt haben und ihre Spuren hinterlassen.

Die eigene Vergangenheit zu ehren bedeutet nicht, dass jeder Teil davon gefeiert werden sollte. Tatsächlich wäre es vielleicht zu schmerzhaft, alles noch einmal im Einzelnen zu durchleben, was uns mentale, körperliche, emotionale oder geistliche Wunden zugefügt hat. Trotzdem sollten wir zu unserer Geschichte stehen, zu den guten wie auch den schlechten Kapiteln. Den Teilen unserer Geschichte, die uns weitergebracht und uns geholfen haben, uns weiterzuentwickeln, räumen wir den ihnen zustehenden Platz ein und behalten Raum für die dunklen Ecken, in denen der Schmerz hockt und uns vielleicht immer noch von Zeit zu Zeit heimsucht. Die Vergangenheit zu ehren heißt nicht, dass wir versuchen, sie in Ordnung zu bringen, aber es hilft uns, Scham und unverarbeiteten Schmerz zu bewältigen und Heilung und Wachstum zu finden.

„Lass doch die Vergangenheit ruhen", ist ein häufig gegebener Rat, oder wie Pumbaa im *König der Löwen* sagt: „Setze dein Hinterteil in die Vergangenheit." Das ist leichter gesagt als getan. Häufig stecken wir in alten Mustern, Erinnerungen und Verletzungen fest, die uns daran hindern, weiterzugehen in unserem Leben. Anstatt zu versuchen, die Vergangenheit zu vergessen, bekommst du die Freiheit, sie liebevoll zu „umarmen", wenn du die Erfolge vergangener Tage würdigst.

Die Kindheit meiner Freundin Jenny war nicht leicht. Ihre Mutter war alleinerziehend und hatte mit Abhängigkeiten zu kämpfen, und so fiel Jenny die Aufgabe zu, dafür zu sorgen, dass ihre jüngeren Geschwister saubere Kleidung für die Schule hatten und abends ihre Hausaufgaben machten. In der Schule war Jenny beliebt, aber sie lud nie irgendwelche Freundinnen zu sich nach Hause ein, weil ihr das zu peinlich war. Und so entwickelte sie ein großes Geschick darin, ihr persönliches Leben für sich zu behalten. Als sie erwachsen wurde, hatte sich die ganz andere Geschichte über ihre Vergangenheit so in ihr verfestigt, dass sie sie beinahe selbst glaubte – die Geschichte einer sorgenfreien Kindheit voller Abenteuer und Spaß. Aber nach ihrem Studium am College überkam sie oft ein so überwältigendes Gefühl der Traurigkeit, dass sie manchmal morgens kaum aus dem Bett aufstehen und zur Arbeit gehen konnte. Sie verstand das nicht und empfand Schuldgefühle, dass sie nichts auf die Reihe bekam und nicht so sorglos in den Tag leben konnte wie alle anderen. Je mehr sie versuchte, sich zu verhalten wie ihre jungen Freundinnen und Kollegen, desto schlechter ging es ihr.

Eines Tages, als sie einige Kinder im Park beim Fahrradfahren beobachtete, begannen die Tränen zu fließen. Sie konnte nicht mehr aufhören zu weinen, und da wurde ihr klar, dass es höchste Zeit war, sich Hilfe zu suchen.

Jenny fand einen Therapeuten, der ihr half, die wahre Geschichte ans Tageslicht zu bringen, die sie in ihrem Inneren verschlossen hielt. Auch wenn es schwierig war, wurde sie ehrlich in Bezug auf ihre Vergangenheit, und ganz langsam spürte sie eine Veränderung in ihrem Inneren. Indem sie ihre Geschichte offenbarte und sich zu ihr bekannte, konnte die Scham, die sie so lange mit sich herumgetragen hatte, immer mehr weichen. Zum ersten Mal war sie in der Lage, ihre Vergangenheit in einem neuen Licht zu sehen und dem Mädchen, das früher alle Sorgen für sich behalten hatte, mit Freundlichkeit zu begegnen, anstatt die Frau zu verurteilen, die nichts auf die Reihe bekam.

Scham hindert uns daran zu glauben, dass wir es verdient haben, unser Potenzial voll auszuschöpfen und die wundervollen Schätze zu sehen, die wir der Welt bringen können. Scham steht ganz oben auf der Liste der Dinge, die uns einengen und stecken bleiben lassen. Sie verhindert, dass wir hoffnungsvoll und grenzenlos denken.

Wir bekennen uns zu unserer Vergangenheit, wenn wir zu dem stehen, was wir erlebt, erduldet und überlebt haben. Die Vergangenheit wird anerkannt als ein Zeugnis unserer Widerstandskraft und Resilienz; die Konfrontation mit dem Schmerz beschenkt uns mit der Zartheit, mit der wir uns selbst begegnen müssen. Sie macht Raum für die überschäumende Freude darüber, dass du hier bist. Du bist angekommen, und du bist am Leben.

Tiefer graben

★ Wie wäre es, wenn du einmal aus der Vogelperspektive auf deine Vergangenheit schauen und überlegen würdest, wie deine Erlebnisse dich geformt und vorbereitet haben auf diesen Augenblick in der Gegenwart? Schreibe alle Erkenntnisse auf, die dir in den Sinn kommen.

★ Wie würde es sich anfühlen, wenn du die Vergangenheit ehren würdest – auch die Zeiten, in denen du nicht offen warst für neue Möglichkeiten? Wie würde dein Leben aussehen, wenn du in der

Lage wärst, dich zu der Resilienz und Stärke zu bekennen, die du durch deine Erlebnisse in der Vergangenheit entwickelt hast?

★ Wann wirst du die Gaben anerkennen, die du durch die Vergangenheit bekommen hast? Vielleicht solltest du sie einmal mit einem Fest feiern. Datum:

Deine Gegenwart

Du bist hier.

Du bist am Leben.

Du bist genau für diesen Augenblick zu der Feier gekommen. Jetzt. Es ist gut, einmal durchzuatmen und in deiner Gegenwart *präsent* zu sein. Schließe deine Augen für eine Minute und stelle dir vor, deine Gegenwart wird mit Blumenkränzen und Bändern geschmückt als zeremonielles Dankeschön dafür, dass du einfach hier bist.

Atme ein.

Atme aus. *Ahhh.*

Beinahe kann ich die Blumengirlande aus Rosen und Geißblatt um meinen Hals riechen. Und du?

Henry David Thoreau schrieb: „Die Begegnung von zwei Ewigkeiten, der Vergangenheit und der Zukunft, genau das ist der gegenwärtige Augenblick." Vielleicht sollte es einen Donnerschlag geben – oder ein Eselsfest – an so einer Wegkreuzung. Doch stattdessen räumen wir den Geschirrspüler ein (hey, er räumt sich nun mal nicht selbst ein) oder sind in den sozialen Medien unterwegs oder lassen den gegenwärtigen Augenblick einfach vorbeiziehen, weil wir uns um die Zukunft sorgen oder abgelenkt sind von dem Geschrei unserer Zeit. Wir sind nicht daran gewöhnt, darüber nachzudenken, dass sich zwei Ewigkeiten begegnen, während wir Socken sortieren und überlegen, warum dieser Grasfleck immer noch auf der Hose deines Kindes ist, obwohl du ihn doch mit Gallseife behandelt hast. Der gegenwärtige Augenblick ist häufig so banal und so leicht zu vergessen.

Die Gegenwart zu ehren ist eine einfache Aufmerksamkeitsübung. Wir brauchen nur bewusst Raum zu schaffen für Dankbarkeit: für jeden Atemzug, für den Boden unter unseren Füßen und für die Gelegenheiten, die sich uns bieten und die wir ergreifen können. Und das können wir tun, während wir unseren alltäglichen Pflichten nachgehen. Es ist eine Anerkennung des Geschenks der Gegenwart. Es ist, was meine Esel Flash und Henry am besten können: Sie freuen sich über jeden Augenblick, jeden Bissen frisches Gras und jeden Sonnenstrahl.

Ich erinnere mich an einen Tag, als meine älteste Tochter Lauren noch klein war. Ich hatte sie morgens angezogen und setzte sie auf die Wickelkommode im Bad, um ihre feinen roten Haare zu einer kleinen Palme auf dem Kopf zusammenzubinden, so wie Pebbles Flintstone sie trägt. Nachdem ich sie frisiert hatte, legte ich den Kamm aus der Hand, und wir umarmten uns und wiegten uns hin und her. Ich blickte in ihre hellblauen Augen, und wir schauten uns sehr, sehr lange an. *Ich möchte diesen Augenblick für immer in meiner Erinnerung festhalten*, dachte ich damals. *Dieses kleine Mädchen, diese roten Haare, diese kleine Wohnung ... alles*. Ich atmete alles ein, und ich wusste in dem Moment, dass Lauren diese innige Verbindung mit ihrer Mami auf ganz besondere Weise teilte. In diesem Augenblick murmelte meine Tochter: „Ich kann die Popel in deiner Nase sehen."

Ja, das war tatsächlich ein Moment, den ich nie vergessen werde, denn sie erlebte ebenfalls einen Augenblick der Entdeckung, so wie ich meinen erlebte.

„Die Gegenwart zu ehren ist eine Haltung der Demut und Dankbarkeit, die uns eine Schatztruhe voller Belohnungen entdecken lässt: Sie befreit von Stress und kultiviert Frieden, schafft eine positivere Einstellung zur Problemlösung, senkt den Blutdruck, vermittelt uns das Gefühl, geerdet zu sein und hilft uns, eine so dringend benötigte Perspektive zu entdecken", sagt Dr. Robert Emmons, einer der führenden Experten zum Thema Dankbarkeit auf der Welt.

Achtsamkeit der Gegenwart gegenüber will aus dem Alltäglichen keine magischen Augenblicke schaffen oder jeder einzelnen Minute einen Sinn aufzwingen, aber sie feiert das Leben, das das Alltägliche zulässt, indem man den Alltag bewusster erlebt. Sie schafft eine Atmosphäre des Lebens im Überfluss, in dem ganz alltägliche Tätigkeiten wie das Sortieren von Socken, aber auch wichtige Augenblicke, zum Beispiel die Unterzeichnung eines Vertrags, von dankbarer Aufmerksamkeit durchdrungen sind. Die Gegenwart – den Treffpunkt von Vergangenheit und Zukunft – zu ehren, schafft einen geschützten Raum für die Gemeinschaft der Menschen, mit denen du gegenwärtig lebst.

Tiefer graben

★ Was hält dich davon ab, einen Tag zu ehren, der angefüllt ist mit alltäglichen Pflichten und scheinbar unwichtigen Einzelheiten? Sei ehrlich.

★ Wie würde es aussehen, wenn du deine Gegenwart mit Dankbarkeit anfüllen würdest? Wofür bist du besonders dankbar?

★ Wann wird deine Gegenwart gut genug sein, dass du sie feierst? Warum solltest du sie nicht heute feiern? Datum:

Ich habe gefeiert, indem ich

Deine Leute

Ehre die Menschen, die dir den Weg bereitet haben. Denn schließlich ist eine Feier nicht vollständig ohne eine Gemeinschaft von Personen, die dir geholfen haben, dein Ziel zu erreichen!

Vom Straßenkehrer bis zur Floristin, von den Köchen bis zu den Laiendarstellern – das ganze Dorf war an den Vorbereitungen für das Eselsfest beteiligt. Während der kleine Cleo zur Freude der Menge an einer gestohlenen Karotte knabberte, empfanden alle großen Stolz, dass ihr Esel auf diese Weise geehrt wurde. Sie teilten den Triumph des Augenblicks. „Einer der Ihren" war der Star des Tages.

Ich liebe die Oscar-Verleihung und schaue sie mir jedes Jahr im Fernsehen an, nicht nur wegen der Kleider der Stars, sondern auch wegen der Filme, denen ich die Daumen drücke. Die Glücklichen, die einen Oscar bekommen, sind oft tief bewegt und bemühen sich, all den Menschen zu danken, die ihren Weg bis zu diesem Augenblick möglich gemacht haben, bis die Musik einsetzt und die Bühnenhelfer sie von der Bühne scheuchen. Die Schauspieler danken ihren Schauspielerkollegen, den Regisseuren, ihren Agenten, Eltern, Partnern und Kindern, also den Menschen, die man an einer solchen Stelle erwartet. Aber besonders berühren mich die Geschichten über Lehrer, Mentoren, Eltern und Freunde, die lange Zeit vor diesem Erfolg einen unauslöschlichen Eindruck beim Preisträger hinterlassen haben. Möglicherweise war es ein Lehrer, der ein verborgenes Talent gefördert hat, oder ein Entscheidungsträger, der schon früh einen unbekannten Schauspieler engagierte, oder jemand, der so sehr an eine Idee glaubte, dass er seine Zukunft verpfändet hätte, um seinen Traum Wirklichkeit werden zu lassen.

Ein Erfolg lässt sich nicht allein erzielen. Das gilt für einen Oscar-Gewinner genauso wie für den Vorstandsvorsitzenden eines börsennotierten Unternehmens, für eine Künstlerin ebenso wie für Eltern oder ... – na ja, einfach für uns alle. Es braucht immer ein ganzes Dorf, um etwas von Wert zu schaffen.

Wenn du einmal an deinen Weg zurückdenkst, stehen dir bestimmt die Namen und Gesichter der Menschen vor Augen, die einen entscheidenden Einfluss auf dein Leben ausgeübt haben. Vielleicht erinnerst du dich sogar noch daran, was du an einem bestimmten Tag, der wichtig für dich war, getragen hast, oder an die genauen Worte, die Eindruck auf dich gemacht haben. Mein Mann erinnert sich an die Jahreszeiten und das Wetter bestimmter wichtiger Augenblicke in seinem Leben. Ich dagegen erinnere mich eher an die Gefühle, die für mich wichtige Menschen in mir ausgelöst haben.

In einem Artikel im *Harvard Business Review* wird darauf hingewiesen, wie wichtig es ist, dass Vorgesetzte und Manager die Arbeit ihrer Untergebenen oder Teamkollegen anerkennen. Die Beiträge anderer wertzuschätzen, ist wichtig für die Motivation und die Schaffung eines positiven Umfelds. Diese Art der Demut ist das Kennzeichen guter Führungseigenschaften und fördert eine Atmosphäre des gegenseitigen Respekts und der Kooperation.

Dadurch, dass du den Menschen, die wichtig sind in deinem Leben, die ihnen gebührende Ehre einräumst, erkennst du die Personen an, die dir Unterstützung und Ermutigung gegeben haben. Das sind die Menschen, die an die Arbeit glauben, zu der du dich berufen fühlst, und an die Person, zu der du dich entwickelst. Wenn sie dich anschauen, sehen sie nicht „nur einen Esel"; sie sehen einen

Menschen, der wichtige Arbeit tut, jemanden, der die Kraft und die Resilienz besitzt, in der Welt etwas zu bewirken, und jemanden, dessen Berufung es wert ist, gefeiert zu werden.

Tiefer graben

★ Wenn du Führungsverantwortung trägst, könntest du dir einmal die Zeit nehmen, den Menschen, die dir deine Führungsposition ermöglichen, Anerkennung zu zollen. Fange an und schreibe auf, wer sie sind und welchen Beitrag sie zu deinem Erfolg leisten.

★ Wie würde dein Leben aussehen, wenn die Menschen, die ihre Zeit in dich investiert haben, die sich für dich interessiert und dich unterstützt und ermutigt haben, nicht für dich dagewesen wären? Wie würde es sich auf dein gegenwärtiges Projekt und deine gegenwärtige Arbeit auswirken, wenn du versuchen würdest, „alles allein zu machen"?

★ Wann möchtest du drei Personen, die wichtig waren für deinen Erfolg, kleine Dankesbriefe schreiben? Wer sind diese Menschen und was willst du ihnen sagen? Notiere ein paar Ideen, die dir in den Sinn kommen. Und dann nimm dir vor, diese Briefe noch in dieser Woche zu schreiben.

Kapitel 4

Vermutungen

Ich sitze im Schneidersitz auf dem grün-goldenen Flickenteppich. Jiminy Cricket singt: „When You Wish upon a Star“.

Als Kind, das in den Sechziger- und Siebzigerjahren des vergangenen Jahrhunderts aufgewachsen ist, kenne ich die Sorge der Eltern, das Augenlicht der Kinder könnte Schaden nehmen, wenn sie zu dicht vor dem Fernsehgerät sitzen (die Strahlung!), und auch um den Einfluss von nicht ganz so niveauvollen Comedy-Sendungen auf ihre Sprösslinge. Viele Jahre gab es bei uns zu Hause deswegen kein Fernsehgerät, aber an diesem Sonntagabend hatten wir Kinder Glück: Im Haus unseres Pastors fand eine Sitzung der Gemeindeleitung statt, und dort gab es ein TV-Gerät – sogar einen Farbfernseher! Die Sitzung dauerte bis spät in den Abend hinein, so lange, dass wir Kinder den ganzen Film *Pinocchio* anschauen konnten, und zwar den uralten Disneys-Zeichentrick-Klassiker von 1940. Darin wird das Märchen von einer Holzmarionette erzählt, deren Gewissen von einer Grille verkörpert wird. Sie möchte ein richtiger

Junge werden, doch zuvor muss Pinocchio erst noch beweisen, dass er würdig ist, ein Menschenkind zu werden.

Zu Beginn des Films belegte eine Fee die kleine Holzpuppe mit einem Fluch, aber ich war mir sicher, dass alles gut werden würde. Doch schon nahmen die Dinge eine schlimme Wendung, und der Albtraum, den bereits viele Generationen argloser Kinder vor mir erlebt haben mussten, begann.

Pinocchios Missgeschicke führten ihn schließlich nach Pleasure Island, wo die Burschen so ungezogen sein durften, wie sie wollten: Sie konnten Zigarren rauchen und Bier trinken, sich zanken und Eigentum zerstören. Billardbälle werfen? Kein Problem! Diese Jungs kannten keine Grenzen.

„Gib einem Jungen genügend Feiheiten, und schon bald macht er sich zum Esel", erklärte der Kutscher, als er Pinocchio und seinen neuen Freund am Tor zu Pleasure Island absetzte. Und das war genau der Haken: Der Zauber, dass sie tun und lassen konnten, was sie wollten, verwandelte sie ganz allmählich tatsächlich in *Esel.* Und auf einmal tauchten im Film wie aus dem Nichts dunkle, affenartige Wesen auf, die die Aufgabe hatten, die schreienden Esel in Käfige zu sperren. Diese Esel sollten anschließend in die Sklaverei oder an einen Zirkus verkauft werden, wo sie ganz unten auf der Hierarchiestufe standen und gedemütigt wurden – das einzige passende Ende für böse Jungs = Esel.

Pinocchio, die Holzmarionette, begann also erst mal, ein ausschweifendes Leben zu führen, aber es gelang ihm schließlich, von Pleasure Island zu fliehen, bevor seine

Verwandlung vom Missetäter zum Esel gänzlich vollzogen war. Seine langen Ohren und der Schwanz, die er von diesem Abenteuer davontrug, waren Hinweise darauf, dass er eine Menge schlechter Entscheidungen getroffen hatte, und so blieb es bis zur letzten erlösenden Szene des Films.

Walt Disney folgte in diesem Film dem Handlungsstrang eines traditionellen italienischen Märchens und schuf eine chaotische Szenerie mit ungezogenen Burschen, die sich in Esel verwandeln. Zu jener Zeit, in der dieses Märchen entstand, stand der Esel in der italienischen Kultur für Unwissenheit, Dummheit, Einfältigkeit und harte Arbeit.

Könnte es also ein passenderes Tier geben, in das Pinocchio sich hätte verwandeln können? In diesem Fall spielte Disney auf die Vorurteile des Publikums Eseln gegenüber an. Sie sind dumm, störrisch, hinterhältig, lächerlich, selbstsüchtig und gut für die Sklaverei oder einen Zirkus. Mit anderen Worten: *Pinocchio ist gänzlich unwürdig, ein richtiger Menschenjunge zu werden.* Er ist nichts weiter als ein „Esel“, genau wie der Kutscher es prophezeit hatte.

Auch wenn Pinocchio am Ende doch noch ein richtiger Junge wird, so wird mit der Geschichte eine verborgene Botschaft weitergegeben: Die Esel-Karikaturen der „bösen“ Jungs mögen im Augenblick vielleicht lustig sein, aber am Ende untermauern sie schädliche Vorurteile. Diese Vorurteile werden in den Vorstellungen der Menschen zu „Tatsachen“ oder vielmehr zu falschen Annahmen. Frag die Leute mal nach den Eigenschaften von Eseln, und vermutlich bekommst du folgende oder ähnliche Antworten: dumm, störrisch, hinterhältig. Die Menschen bilden sich eine Meinung über den Charakter eines Esels aufgrund eines Vorurteils, dessen sie sich nicht einmal bewusst sind.

Jeder von uns wird von solchen Vorurteilen bestimmt, von Haltungen, die unbewusst unser Verständnis, unser Handeln und unsere Entscheidungen beeinflussen und schwer zu kontrollieren sind.

Unser Gehirn scheint solche Annahmen gern und willig zu übernehmen, noch bevor unser Bewusstsein unsere Gedanken in einen besseren, vernünftigeren Ansatz umlenken kann.

Es ist wichtig, sich die Zeit zu nehmen, die eigenen Vorstellungen in Bezug auf andere und uns selbst zu überprüfen. Wenn wir davon ausgehen, dass unser Leben eine Goldmine ist, in der verborgene Schätze liegen, müssen wir uns auch klarmachen, dass viel Gestein abgetragen werden muss, um diese Schätze zu heben. Manchmal ist es sehr schwierig, solche vorgefassten Meinungen zu durchbrechen und zu korrigieren, aber es lohnt sich auf jeden Fall.

Annahmen lassen sich in drei Handlungskategorien einordnen: nicht als gegeben voraussetzen, niemals als gegeben voraussetzen und immer als gegeben voraussetzen.

Nicht als gegeben voraussetzen

Falsche Vermutungen in Bezug auf andere bauen Mauern des Misstrauens auf.

Füll spontan die folgenden Leerstellen aus. Tu es so schnell es geht und ohne nachzudenken. Schreib einfach auf, was dir als Erstes in den Sinn kommt:

Eulen sind

Spinnen sind

Schlangen sind

Löwen sind

Esel sind

Jetzt wollen wir einmal über das nachdenken, was du geschrieben hast.

Basieren deine spontanen Antworten auf persönlicher Erfahrung? Hattest du mehr als eine Begegnung mit den oben aufgeführten Tieren? Was weißt du aus der Literatur über diese Tiere? Was hast du in deiner Kultur über diese Tiere gelernt?

In den meisten Fällen kommt unsere spontane Meinung aus unserem Unterbewusstsein. Vermutlich haben wir nie „die bewusste Entscheidung getroffen" zu denken, dass Eulen klug sind, aber wenn wir an unsere erste Begegnung mit Eulen denken, mag uns vielleicht Winnie Puhs Freundin Owl in den Sinn kommen. Die Verbindung „Eule = weise" wurde hergestellt, lange bevor wir bewusst darüber nachgedacht haben, ob Eulen nun tatsächlich weise sind oder nicht.

Es zeigt sich, dass vieles von dem, was wir über einzelne Tierarten wissen, von Märchen, Filmen, Familiengeschichten oder dem beeinflusst wurde, was wir als Kinder gehört haben. Wenn dein Vater Schlangen geliebt hat, dann ist die Wahrscheinlichkeit hoch, dass auch du eine Affinität zu diesen Tieren besitzt. Wenn deine Mutter beim Anblick einer Spinne aufgeschrien hat, empfindest du vermutlich dieselbe irrationale Angst. Von solchen „unbewussten Vorurteilen" ist niemand von uns vollkommen frei.

Aber pass auf: Unbewusste Vorurteile Tieren gegenüber müssen korrigiert werden! Schlangen sind gut! Spinnen sind sehr nützlich! Eulen sind ... – okay, okay, das mag eine vielleicht sehr vereinfachende Art sein, um eine Aussage zu untermauern, aber es ist viel bequemer und einfacher, das am Beispiel von Tieren zu veranschaulichen, als darüber zu sprechen, wie sehr unsere falschen Annahmen *Menschen* verletzen.

Vor einigen Jahren traten meine eigenen Vorurteile auf eine Art und Weise zutage, die mich schockierte. Ich war zu einer Hochzeit eingeladen, bei der ich eigentlich nur die Braut kannte. Die anderen Gäste waren mir unbekannt. Ich suchte mir einen Tisch, an dem zwei Damen saßen, und fragte, ob ich mich dazusetzen könnte. Eine von ihnen war schon etwas älter, sehr festlich gekleidet und perfekt frisiert. Die andere Frau war etwa Mitte fünfzig, hatte schwarze lockige Haare und eine dunkle Hautfarbe. Etwas früher hatte ich beobachtet, wie sie die ältere Frau zu ihrem Stuhl geführt und Essen für sie geholt hatte. Jetzt begrüßte sie mich freundlich lächelnd. Sie sprach mit Akzent – Englisch war eindeutig nicht ihre Muttersprache, aber sie plauderte beim Mittagessen mit bezauberndem Selbstvertrauen.

Ich stellte mich vor. Die ältere Dame nannte mir ihren Namen und erzählte von ihrer Beziehung zu Braut und Bräutigam. Ich wandte mich an die andere Frau und sagte: „Und Sie sind bestimmt ...“ Ich hielt kurz inne, als suchte ich nach dem richtigen Wort für „ihre Pflegerin“ oder „ihre Gefährtin“ oder ... Zum Glück beendete mein Gegenüber schnell den Satz.

„Ich bin Mrs Watsons Freundin Esmee!“, erklärte sie und erzählte mir von ihrer Arbeit – nicht etwa als bezahlte Pflegekraft, sondern als Vorstandsvorsitzende eines erfolgreichen Software-Unternehmens. Für die Hochzeit hatte sie ihren Urlaub auf Hawaii unterbrochen. Später am Tag müsse sie noch zu einer Sitzung nach New York weiterreisen, erklärte sie mir.

Ich schämte mich über mein *unbewusstes Vorurteil*, das mir eine Annahme in Bezug auf Esmee diktiert hatte. Es ließ mich alle *tatsächlichen* Hinweise ignorieren und falsch deuten: Esmees Verhalten war das einer aufmerksamen Freundin, nicht das einer Pflegerin. Sie gab sich selbstbewusst, befehlsgewohnt. Ihre Erscheinung war sehr gepflegt. Und doch ließ ich mich von meinen Vermutungen leiten, die mein Verstand wegen ihrer Hautfarbe bereits aufgestellt hatte, lange bevor ich mir dessen bewusst war. Es war demütigend, vor Augen gestellt zu bekommen, wie sehr ich mich als Mensch noch verändern musste.

Und die Lehre daraus? Vermeide spontane Annahmen! Lerne, unbewusste Vorurteile anderen Menschen gegenüber zu erkennen. Wir Menschen sind so gepolt, dass wir denen vertrauen, die „aussehen wie wir“ und dazu neigen, den „anderen“ zu misstrauen. Das führt im schlimmsten Fall zu Feindseligkeit, Hass und Furcht. Wenn wir einen Menschen auf eine Karikatur reduzieren, die auf seiner Rasse, seiner gesellschaftlichen Klasse, seinem Akzent, Geschlecht, Beruf oder Alter basiert, dann begrenzen wir unsere Welt darauf, wer unserer Meinung nach einen wertvollen Beitrag für die Welt leisten und wen man getrost ignorieren kann; wer Macht und Ansehen verdient hat und wer in der Bedeutungslosigkeit versinken kann; wer würdig ist, ein richtiger Junge zu werden und wer zur Sklavenarbeit in die Minen geschickt werden muss. Wir rauben anderen die Möglichkeit, ein freies und erfüllendes Leben zu führen, und wir betrügen uns selbst und werden kleingeistig und verschlossen.

Tiefer graben

★ Nimm dir noch einmal die Zeit, deine Annahmen Menschen und Menschengruppen gegenüber zu überprüfen. Welche Dinge (Geschichten, Literatur, Familienmuster, kulturelle Normen) untermauern deine unbewussten Vorurteile?

★ Wie würde die Welt aussehen, wenn es keine Vorurteile in Bezug auf andere Menschen gäbe?

★ Wann willst du falsche Annahmen in Bezug auf einen Kollegen korrigieren? Oder auf andere Menschen in deiner Umgebung? Oder den Menschen gegenüber, die dir in deinem täglichen Leben begegnen? Wie würde das aussehen?

Niemals als gegeben voraussetzen

Annahmen in Bezug auf dich selbst können bewirken, dass du in deiner Entwicklung stecken bleibst. Gedanken wie:

„Ich bin doch nur ein Esel, ich kann nicht mithalten."

„Ich habe diese geschäftliche Entscheidung vermasselt, also bin ich ein Versager."

„Die Entscheidungsträger werden meine Ideen ablehnen."

„Ich habe nicht, was nötig ist, um ein .... zu sein."

„Ich bin zu alt, um noch mal zur Schule zu gehen."

Wir kennen ihn, diesen „Soundtrack" in unserem Kopf, der uns durch unser Leben begleitet. Das sind die vorgefassten Gedanken, die wichtige Entscheidungen beeinflussen und unseren Alltag und unsere zukünftigen Pläne bestimmen. Viele dieser Melodien sind nichts weiter als Einschränkungen, die wir uns durch unbewusste Verknüpfungen selbst auferlegt haben.

„Ich habe versagt. Also verdiene ich keine weitere Chance."

„Ein Elternteil hat mich verlassen, weil ich vermutlich nicht liebenswert bin."

„Ich habe mir in der Vergangenheit schlechte Partner ausgesucht. Ich werde nie die Liebe finden."

„Ich bin nicht gut im Rechnen, also werde ich nie unternehmerisch tätig sein können."

Vielleicht hast du keine bewusste Entscheidung getroffen, so zu denken, aber irgendwie haben sich diese flüchtigen Gedanken verfestigt und ergeben auf einmal einen Sinn für dich. Vielleicht sind sie auf Dinge zurückzuführen, die du als Kind gehört hast, oder auf dein kulturelles Umfeld. Und jetzt sind sie zu Gewohnheiten geworden, die schwer abzulegen sind. „Immer die gleiche Leier!", denkst du. „Ich kann niemals der Mensch werden, der ich gern sein möchte."

Du hast eine bestimmte Meinung, die dein Leben prägt. Genau wie der Regisseur vom Pinocchio-Film, der den Jungen, der ein paar schlechte Entscheidungen getroffen hat, als Esel darstellt. Daran lässt sich nichts mehr ändern. Nur ein Zauber kann das noch umkehren. Der Regisseur macht sich die Verbindungen zunutze, die die Zuschauer im Geist natürlich ziehen werden. Sie werden die dargestellte Person in ein Raster einordnen und Vorhersagen über ihre Zukunft treffen. Ganz ähnlich wird in unserem Gehirn eine falsche Selbstwahrnehmung geschaffen und dann nach „Beweisen" gesucht, die diese Annahme bestätigen.

„Ein Esel wird niemals etwas Gutes bewirken können."

Welche „Etiketten" wählst du für dich selbst? Basieren diese Labels auf Erlebnissen, die Scham in dir ausgelöst haben? Hat ein bestimmtes Erlebnis irgendeine Verknüpfung geschaffen, die sich schließlich in deinem Denken verfestigt hat? Wenn du dir selbst so ein Etikett anhängst, sind falsche Selbstannahmen die Folge, sobald dein Gehirn sie zu einer „Tatsache" macht. Und es ist echt schwierig, solche falschen Selbstannahmen ausfindig zu machen. Dein Gehirn findet nämlich überall Beweise, die diese Annahme untermauern.

Schreibe mal unten auf, was dir spontan einfällt. Das ist ein einfacher Weg, um zu erkennen, ob du falsche Annahmen über dich selbst hast:

Ich bin nur ein

Ich verdiene nicht

Ich bin zu alt, um noch mal mit

anzufangen.

Ich bin nur gut in

Ich werde

____

erreichen.
Ich verdiene

____

In meinem eigenen Leben habe ich festgestellt, dass sich die Annahmen über mich als *selbsterfüllend* erwiesen haben. Sie waren keine wahre Einschätzung von dem, was möglich ist. Früher glaubte ich, Hausfrau und Mutter zu sein, sei meine einzige Berufung im Leben. Ich liebte meine Rolle und sah keinen Grund, meinen Blick über meinen Tellerrand mit Haus und Kindern zu werfen. Damals hatte ich keine Vorstellung von dem, *was möglich war*, und darum ging ich davon aus, dass ich bis zu meinem Lebensende Hausfrau und Mutter sein würde. Als meine Kinder älter wurden und ich diese Rolle verlassen und mitverdienen musste, machte mir diese Annahme zu schaffen. Ich konnte meine neu gefundene, kreative Berufslaufbahn lange nur als etwas „Vorübergehendes" sehen, in die zu investieren sich nicht wirklich lohnte. Erst viele Jahre später erkannte ich, dass die Talente, die ich vergraben hatte, weil ich davon ausging, dass sie nichts wert waren, tatsächlich Teil meiner Berufung im Leben waren.

Solche Annahmen über die eigene Person können manchmal verhindern, dass du dein Bestes gibst. Als Michelangelo von Papst Julius II. den Auftrag bekam, die Decke der Sixtinischen Kapelle zu bemalen, lehnte er anfangs ab, weil er sich als Bildhauer sah. „Das ist nicht richtig für mich – ich bin kein Maler“, schrieb er an seinen Freund Giovanni da Pistoia. Michelangelo sah sich als Künstler, der mit Marmor arbeitete und keine Freskenmalerei machte. Wie viel wäre uns entgangen, wenn er bei seinen Selbstannahmen geblieben wäre! Als er dann endlich bereit war, den Auftrag zu übernehmen, schuf er in den folgenden vier Jahren ein Meisterwerk, das Jahrhunderte überdauerte.

Geh niemals davon aus, dass deine Gedanken über dich der Wahrheit entsprechen. Wenn wir uns die Zeit nehmen, unsere falschen Selbstwahrnehmungen zu korrigieren und durch das zu ersetzen, was tatsächlich wahr ist, werden wir frei, uns auf unsere langfristige Berufung im Leben einzulassen und das Abenteuer zu wagen.

Tiefer graben

★ Schreibe einmal alle beschränkenden Annahmen über dich selbst auf. Grabe tiefer und überprüfe, ob sie auf der Realität gründen oder auf falschen Annahmen. Schreibe auf, was du hier entdeckst.

★ Wie würde es aussehen, wenn du diese einschränkenden Annahmen korrigierst und überwindest? Was wäre, wenn du annehmen würdest, dass du kreativ, einfallsreich, findig, fähig und vollständig bist?

★ Wann wirst du den Entschluss fassen, das Narrativ über dich selbst zu ändern? Datum:

Immer als gegeben voraussetzen

Gehe bei jedem Menschen (auch bei dir) vom Besten aus. Das schafft Freiheit, Vertrauen und Gemeinschaft.

Die spontanen Annahmen über uns selbst (= unbewusste Vorurteile) zu korrigieren, ist nur *ein* Schritt zur Überwindung der Hindernisse, die wir uns selbst in den Weg legen. Der zweite Schritt erfordert gründliche und einfühlsame „Seelenarbeit", damit wir uns voll entfalten und ein authentisches Leben führen können, wie wir es uns wünschen – ein Leben, in dem wir die Freiheit haben, eine Welt ohne Grenzen zu erforschen.

Neue Nervenbahnen zu entwickeln ist schwierig, so als würde man sich durch dichtes Gestrüpp arbeiten müssen. Vor einigen Jahren wollte mein Mann Tom einen Weg durch den bewaldeten Bachbereich, der zu unserem Grundstück gehört, anlegen. Ich wünschte mir, dort mit meinen Eseln Flash und Henry längere und interessantere Spaziergänge unternehmen zu können, als es auf unserer Weide möglich war. Das wusste er. Das Projekt war ein schwieriges und arbeitsintensives Unterfangen: Bäume fällen, Äste beschneiden, Wurzeln ausgraben und den Gift-Efeu beseitigen. Nachdem der neue Weg freigeschnitten war, konnten wir durch den vorher undurchdringlichen Bereich spazieren, allerdings nur mit bedeckten Armen und Wanderstiefeln, um uns vor dem Gift-Efeu und den Ranken zu schützen. Anfangs musste der Weg sehr intensiv gepflegt und immer wieder freigeschnitten werden. Jetzt geht es besser, denn unsere Füße (und Hufe) haben den Boden des Weges mittlerweile festgetrampelt. Ranken und Unkraut werden weniger. Und nachdem wir uns die Köpfe nicht mehr an niedrig hängenden Ästen stoßen, können wir sogar durch den Wald joggen. Das ist mittlerweile eine von Flashs und Henrys Lieblingsbeschäftigungen. Sie spazieren (und traben) mit hingebungsvollem Eifer über die Wege.

Je stärker der Weg frequentiert wird, desto leichter wird es, darauf zu gehen. Das gilt auch für die sensiblen Bahnen der Nervenzellen in unserem Gehirn. Je mehr wir aktiv freie Bahn für unsere positiven Gedankenmuster schaffen, desto leichter können diese Gedanken in unserer gegenwärtigen Realität Raum gewinnen.

Wir rücken den alten, falschen Annahmen über uns und andere zu Leibe, die dadurch entstanden sind, dass wir kulturelle und familiäre Erfahrungen und Haltungen übernommen haben. Das ist Schwerstarbeit. Anschließend pflegen und erhalten wir die Wege durch Aktivitäten, die Empathie für andere und Mitgefühl für uns selbst fördern.

Wie sieht diese Art von Empathie und Mitgefühl aus?

Nimm mal Folgendes an:

★ ... dass du dich irren könntest.
★ ... dass jeder sein Bestes gibt.
★ ... dass du nicht alle Antworten kennst.
★ ... dass du aus jeder Situation und von jedem Menschen, dem du begegnest, etwas lernen kannst.

Aber bleib nicht da stehen. Nimm an:

★ ... dass dein Potenzial unbegrenzt ist.
★ ... dass diejenigen, die dich verletzt und enttäuscht haben, selbst von anderen verletzt und enttäuscht wurden.
★ ... dass du deine Fähigkeit zu lieben und geliebt zu werden, stärken kannst.
★ ... dass alle ihren Beitrag zur Gesellschaft leisten würden, wenn sie dieselben Chancen hätten und dieselbe Liebe erfahren würden wie du.

Am Ende war es nicht allein der Wunsch, der Pinocchio zu einem richtigen Jungen werden ließ, sondern sein Mut, seine Ehrlichkeit und Freundlichkeit. Alle drei Dinge sind nötig, damit wir Annahmen korrigieren können, die verhindern, dass wir weiterkommen und die positiven Gedanken annehmen können, die uns helfen, uns weiterzuentwickeln.

Tiefer graben

★ Wie wäre es, wenn du die überflüssigen Ranken und Überzeugungen wegschneiden würdest, die die gesunden Wege deines Gehirns blockieren? Wie wäre es, wenn du stattdessen einen schönen Weg schaffen würdest, indem du die neuen Pfade aktiv erhältst und pflegst? Mach eine Liste von Annahmen, die du ausrotten willst, und ersetze sie durch positive Annahmen.

★ Wie würde dein Leben aussehen, wenn du positive Annahmen über dich pflegen würdest? Was, wenn du annehmen würdest, du könntest „das Ding“

machen, das du schon immer machen wolltest? Was, wenn du annehmen würdest, dass Menschen dir gern dabei helfen würden? Wie würde es sich anfühlen, wenn du das Beste über jeden Menschen annehmen würdest, dem du begegnest? Nimm dir die Zeit, das zu beschreiben.

★ Wann willst du anfangen, neue Selbstannahmen zu schaffen, die deine Seele mit Empathie und Mitgefühl erfüllen? Schreibe hier das Datum auf:

Lege den Schwerpunkt auf deine einzigartigen Stärken

Kapitel 5

Ressourcen

„Ah, die Susumaniello!“, lacht der Weingärtner mit dem faltigen Gesicht und beugt sich weiter vor. „Das ist eine ganz besondere Traube.“ Er rückt seinen Hut gerade und stützt den Arm auf seiner Schaufel ab. Sein Blick wandert über die Landschaft hinaus zum schimmernden Atlantik in der Ferne. Dieser Weinberg wird seit Generationen von seiner Familie gepflegt, und er kennt jede Traubenart, die an den kargen Abhängen der südlichen Halbinsel Salento wächst.

„Wir nennen diese Traube ‚den kleinen Esel‘.“ Er lacht laut. „Kleiner schwarzer Esel!“ Er selbst kann sich immer noch an die Zeit erinnern, als die Traubenernte mit Eseln von den Weinbergen zu den Weingütern transportiert wurde.

Diese seltene, alte Traubensorte wurde im tiefsten Süden der Puglia-Region in Italien, die bekannt ist für ihre malerischen Hügel und wundervollen Winzer-Traditionen, wiederentdeckt und zu neuem Ruhm geführt. Die kleinen schwarzen Trauben wuchsen nur auf wenigen Morgen Land. Sie waren schwer zu erkennen und zwischen den größeren Pflanzungen anderer Traubensorten kaum auszumachen.

Im frühen zwanzigsten Jahrhundert fiel die Esel-Traube in Ungnade, denn die Winzer in der Region bevorzugten andere Sorten, mit denen sich größere Mengen Wein produzieren ließen. Nach und nach verschwand die Susumaniello, und nur in den hintersten Ecken und an den zerklüfteten Berghängen gab es noch einige wenige Rebstöcke.

Der Winzer Mark Shannon, dem die Wiederentdeckung dieser Traube angeblich zu verdanken ist, räumt ein, dass der Umgang mit dieser Traubenart nicht ganz einfach ist. Er sagt: „Sie ist widerstandsfähig, verlässlich und störrisch – und hat ein Herz aus Gold", wie er auch noch hinzufügt. „Diese Pflanze lässt sich relativ leicht anpflanzen, aber nicht notwendigerweise in der Spezifizierung, die ein Winzer anstreben mag. Die Weinherstellung allerdings ist nicht so einfach. Auch in dieser Hinsicht ist sie einem Esel sehr ähnlich." Die Trauben im Weinberg von Marks Familie müssen identifiziert und gelesen und dann einem speziellen Prozess unterzogen werden, der ihre einzigartigen Eigenschaften besonders gut zur Geltung bringt.

Diese Rebsorte ist widerstandsfähig und kann selbst unter schwierigen Bedingungen überleben. Und sie gedeiht auch auf sandigem Boden ohne ständige Bewässerung, wie andere Pflanzen sie brauchen. Die extrem schweren Trauben sind auf die bemerkenswerte Nutzung von Energie der kompakten Rebstöcke zurückzuführen. Aus diesem Grund habe die Traube den liebevollen Namen „kleiner Esel" erhalten, wie es heißt. Das ist als Würdigung der Esel zu verstehen, die über Jahrhunderte hinweg als Packtiere in den

Weinbergen eingesetzt wurden. Selbst in unwegsamem Gelände konnten sie die hoch mit Trauben beladenen Körbe transportieren. Aber es könnte auch sein, dass der Name wegen ihres „störrischen Wesens“ an der Traube hängen geblieben ist, weil sich diese Traubensorte im Kelterungsprozess anders „verhält“ als andere Rebsorten. Genau sagen kann man das nicht, aber beide Deutungsversuche passen.

Die Susumaniello, früher übersehen und nicht ausreichend gewürdigt, galt als nützliche „Hilfstraube“, die dem Wein anderer Rebsorten Volumen und Geschmack verlieh. Ihre klassischen Eigenschaften haben ihr geholfen zu überleben, und jetzt wird sie neu respektiert und kann wieder gedeihen. Ein gutes Beispiel für uns alle: Viel zu häufig übersehen wir in unserem Bemühen, im Leben voranzukommen, unser bestes Kapital, weil wir Quantität über Qualität stellen. Wir machen den Fehler, zum Beispiel unserem Talent, unseren akademischen Leistungen und unserem persönlichen Stil einen zu hohen Stellenwert beizumessen. Aber in Wahrheit reicht unsere wertvollste Ressource viel tiefer und bietet einen stabileren Zugang zu einem sinnerfüllten Leben.

Widerstandskraft ist nötig, um auch schwierige Umstände zu ertragen – wie die „Esel-Traube“, die sich an felsige, windgepeitschte Abhänge über dem Meer klammert. Wo andere nach leichtem Wachstum Ausschau halten, stellen widerstandsfähige Menschen fest, dass ihre Wurzeln tief reichen und genügend Kraft finden, um die

Herausforderungen, vor denen sie stehen, zu meistern. Eine besondere Art des Einfallsreichtums ist nötig, um auch abwegige Situationen als Chance zu erkennen. Was bei anderen funktioniert, funktioniert bei dir eben nicht. Du hast ein Geschick dafür entwickelt, Gelegenheiten zu erkennen, die andere übersehen. Auf dem Weg zur Verwirklichung deiner Träume brauchst du auch ein gewisses Maß an Esel-Sturheit, die wir liebevoll „Entschlossenheit" nennen werden. Du besitzt Charakterstärke ... mit einem Tritt.

Widerstandsfähigkeit

Du bist in der Lage, dich von Feindseligkeit und Enttäuschung nicht unterkriegen zu lassen.

Wenn du ein Esel wärst, wärst du dazu *geschaffen*, auch schwierige Umstände prima zu meistern.

Als Wüstentier kannst du steiniges Terrain gut bewältigen und heiße Sonne aushalten. Deine innere Stärke und Widerstandskraft geben dir die Kraft, schwierige Pfade zu bewältigen und Entbehrung zu erdulden. Deine Fähigkeit, wieder aufzustehen, wenn es dich aus der Bahn geworfen hat, gehört zu deinen besten Eigenschaften.

In einer alten Geschichte von Harvey Mackay fragt ein junger Esel seinen Opa: „Wie kann ich wachsen, damit ich so bin wie du?"

„Oh, das ist leicht", erwidert der ältere Esel. „Du musst es immer wieder abschütteln und hochsteigen."

„Was meinst du damit?“, fragt der jüngere Esel.

Der Großvater erwidert: „Ich erzähle dir eine Geschichte. Einmal, als ich noch in deinem Alter war, lief ich draußen herum. Ich war unaufmerksam und stürzte in einen tiefen, stillgelegten Brunnen. Ich schrie und schrie. Schließlich kam ein alter Farmer vorbei und entdeckte mich. Ich hatte schreckliche Angst. Doch dann ging er wieder weg. Die ganze Nacht hockte ich in diesem Brunnen.

Am nächsten Morgen kam er mit einer Gruppe Leute zurück. Sie schauten auf mich herab. Dann sagte der alte Farmer: ‚Der Brunnen ist stillgelegt, und dieser Esel ist es nicht wert, gerettet zu werden, also lasst uns an die Arbeit gehen.‘ Und glaube es oder nicht, sie fingen an, Erde in den Brunnen zu schaufeln. Sie wollten mich lebendig begraben!

Als die ersten Schaufeln Erde auf mich herabprasselten, hatte ich eine Idee. Die Erde, die auf meinem Rücken landete, konnte ich abschütteln und als Stufe benutzen, um ein Stück höher zu kommen! Sie schaufelten weiter, und ich schüttelte weiter die Erde ab, trampelte sie fest und stieg Stück für Stück nach oben.

‚Abschütteln und hochsteigen ... abschütteln und hochsteigen ...‘, sagte ich mir unentwegt – als Ermutigung. Und es dauerte nicht lange, bis ich erschöpft, aber triumphierend aus dem Brunnen steigen konnte.

Also, egal, wie schwierig die Situation ist ... egal, wie schlimm alles ist ... egal, wie viel Dreck auf dich geworfen wird, vergiss nicht: abschütteln und hochsteigen! Dann wird alles gut.“

Jeder von uns geht anders mit schwierigen Situationen und Rückschlägen um, aber die von uns, die ihren inneren Esel umarmen, suchen einen Weg nach oben und durch schwierige Zeiten hindurch. Wenn du entschlossen bist, Schwierigkeiten durchzustehen und eine Lösung zu finden, stärkst du damit deine eigene Widerstandskraft und findest so auf lange Sicht einen Weg zum Erfolg. Resilienz hilft dir, jede Herausforderung, mit der du konfrontiert wirst, als eine Gelegenheit zum Lernen zu sehen, als einen emotionalen Muskel, der durch Training gestärkt wird.

„Nicht das, was dir geschieht, wird etwas bewirken, sondern die Art, wie du damit umgehst", sagte der Motivationstrainer Zig Ziglar häufig. Mallory Weggemann, eine junge Frau, die seit einem Routineeingriff im Jahr 2008 von der Taille abwärts gelähmt ist, hat diesen Rat beherzigt. Für sie als Wettkampfschwimmerin war dies eine dramatische Veränderung in ihrem Leben. Doch diese Einschränkung hielt sie nicht davon ab, das zu tun, was sie gern tat: schwimmen. In weniger als zwei Jahren erzielte sie acht Weltrekorde. Bei ihrer Teilnahme an den Sommer-Paralympics im Jahr 2012 hielt sie fünfzehn Weltrekorde und vierunddreißig amerikanische Rekorde. Bei den Spielen gewann sie eine Goldmedaille und eine Bronzemedaille. Bei den Paralympics-Weltmeisterschaften im Schwimmen im Jahr 2019 gewann sie zwei Goldmedaillen und eine Silbermedaille, trotz einer gravierenden Verletzung ihres linken Armes.

Die meisten von uns werden nach einer Verletzung vermutlich keine Olympioniken werden, aber auch in unserem

Alltag gibt es Situationen, in denen wir Resilienz brauchen und uns von widrigen Umständen nicht unterkriegen lassen dürfen. Die Resilienz meiner Tochter Lauren wurde auf die Probe gestellt, als ihre Sorge wegen ihres ständigen Schwindelgefühls von mehreren Ärzten nicht ernst genommen wurde. Doch sie gab nicht auf und konsultierte immer neue Ärzte und fand schließlich einen, der bereit war, weitere Tests durchzuführen. Und endlich wurde die Ursache ihrer Beschwerden gefunden. Die Diagnose lautete: Posturales Tachykardie-Syndrom (POZS), ein Zustand, in dem der Blutfluss behindert wird. Nach der entsprechenden Behandlung war es Lauren wieder möglich, ganz fröhlich für ihre Familie da zu sein und sich auf ihre Arbeit zu konzentrieren.

Resilienz entwickelt sich im Laufe der Zeit – schnell oder ganz allmählich.

Abschütteln und hochsteigen.

Tiefer graben

★ Wenn du mit einem schwierigen Rückschlag konfrontiert wirst, könntest du fragen: „Warum nicht ich?“ anstatt zu fragen: „Warum ich?“ Inwiefern verändert es deine Perspektive, die Frage anders zu formulieren?

★ Falls du momentan in einer schwierigen Lage bist: Wie würde es aussehen, wieder auf die Beine zu kommen? Beschreibe es.

★ Wann wirst du Schritte unternehmen, damit du dein Leben wieder aufnehmen kannst? Setze dir eine Deadline.

Einfallsreich

Du findest Gelegenheiten und Hilfe an Orten, die du bisher übersehen hast.

Esel sind sehr einfallsreich. Ein Esel kann alles, was er braucht, an den unwahrscheinlichsten Orten finden.

„Das wird schon", erklärte mir der Esel-Experte am Telefon. „Ihre Weide ist voll eingezäunt, und der Unterstand wird Ihren neuen Esel vor Wind und Wetter schützen, und außerdem haben Sie ihn von einem Tierarzt untersuchen lassen."

Ich wusste gar nichts über die Haltung eines Esels. Als Flash dann plötzlich auf unserer Zufahrt stand, suchte ich im Internet nach Informationen. Dabei stieß ich auf den Namen eines Esel-Experten, und er war bereit, mir ein paar Tipps zu geben. Während unseres Gesprächs wuchs meine Zuversicht.

Und dann sagte der Mann etwas, das mich verblüffte: „Achten Sie nur darauf, dass er nicht zu viel Gras frisst."

Während des Gesprächs hatte ich mir Notizen gemacht. Ich hielt mitten im Schreiben inne.

„Moment mal. Ich dachte immer, Esel ernähren sich von Gras", wandte ich ein.

„Nun, Esel sind von Natur aus Stöberer", erklärte er lachend. „Sie lieben es, nach Unkraut und Ranken zu suchen, nach Stöcken, Rinde und Blättern. Anders als bei ihren Artgenossen, den Pferden, ist ihr Verdauungssystem in der Lage, Nährstoffe aus Dingen zu ziehen, die ein Pferd niemals anrühren würde. Aber Esel vertragen es nicht gut, wenn sie *zu viel* Gras fressen. Der hohe Zuckergehalt kann sie krank machen und sogar eine Lähmung auslösen."

„Das wusste ich gar nicht", erwiderte ich. In diesem Augenblick wurde mir klar, dass Flash (und später Henry) es gut haben würden, auf unserem mit Buschwerk bewachsenen Land in Texas. Dort wuchs jede Menge Unkraut und dichtes Gebüsch. Er würde auf jeden Fall die richtige Nahrung finden. Im Frühling allerdings müsste ich aufpassen, wenn das Weidelgras spross. Esel sind unglaublich einfallsreich beim Aufspüren dessen, was sie brauchen – sei es mitten im Winter oder während der Regenperioden im Sommer, die es bei uns auch gibt. (Ich muss jedes Mal lachen, wenn ich sehe, wie Flash und Henry ins dichte Gestrüpp eintauchen und nur noch ihr Hinterteil herausschaut, um an die begehrten Blätter zu kommen.)

Ihr Einfallsreichtum ist eine der Eigenschaften, die ich an Eseln besonders liebe. Es tut ihnen gut, wenn sie an unscheinbaren Stellen nach ihrer Nahrung suchen müssen. Sie sind in Höchstform, wenn sie ein wenig für ihre Mahlzeiten arbeiten müssen. Sie lieben die Herausforderung, im dichten Gebüsch nach einem leckeren Blatt zu suchen. Deinen „inneren Esel zu umarmen" bedeutet, dass auch du die Herausforderungen im Leben meistern kannst – auch wenn du dafür ein paar Büsche auseinanderziehen musst. Dann wirst du Gelegenheiten entdecken, wo du sie am wenigsten erwartet hättest.

Genau das hat der Architekt Pat Flynn getan. Im Jahr 2008 verlor er seine Arbeitsstelle, und er wusste nicht, wie es weitergehen sollte. In der damaligen Wirtschaftskrise fand er keine neue Anstellung. Darum beschloss er, ungewohnte Wege zu beschreiten, um seinen Lebensunterhalt zu sichern. Er wollte zunächst seinen Blog mit einer bislang nur bescheidenen Anzahl von Anhängern ausbauen. Dazu bot er eine PDF zum Herunterladen an, die Interessenten zu einem zertifizierten Architektur-Examen verhalf. Innerhalb von einem Monat hatte er so viele PDFs verkauft, dass er nun überlegen musste, wie es weitergehen sollte. Seither sind durch Pats Einfallsreichtum einige Millionen Dollar schwere Unternehmen entstanden, und er hilft einer Vielzahl von Menschen, ihre Ideen und Träume zu verwirklichen. Das „Schlimmste", was ihm passieren konnte – der Verlust seiner Arbeitsstelle – führte dazu, dass er das Beste gefunden hatte.

Wenn es auf ein Problem keine leichte Antwort gibt, kein Hilfsmittel, das für dich bereit liegt, dann kannst du ein Geschick dafür entwickeln, selbst kreative Lösungen zu „erschnüffeln". Einfallsreiche Unternehmer nutzen Gelegenheiten, die andere vielleicht nicht als solche wahrnehmen. Findige Manager wissen, wie sie ihre Arbeitnehmer anregen können, ihr Bestes zu geben. Einfallsreiche Arbeitnehmer finden Wege, Probleme eigenständig zu lösen. Motivierte Lehrer entdecken innovative Lernhilfen für ihre Schüler – oft mit kleinem Budget und ohne Unterstützung von außen. Findige Eltern überlegen, wie sie mit ihrem kleinen Verdienst ihre Kinder versorgen können. Wenn Hindernisse einen Weg blockieren, lernen einfallsreiche Menschen, durch Anstrengung und gute Ideen Lösungen zu schaffen, die die Hindernisse aus dem Weg räumen.

Tiefer graben

★ Du könntest dich doch einmal fragen: „Was habe ich bisher noch nicht berücksichtigt? Was habe ich bei der Lösung meines Problems oder meiner Situation übersehen?“ Schreibe als Erinnerungsstütze deine Antworten hier auf.

★ Was wäre nötig, damit meine unkonventionelle Idee funktioniert? Wie würde es aussehen, wenn ich Erfolg damit haben würde?

★ Welche Deadline werde ich mir setzen, um eine neue Lösung zu finden? Unterteile die Zeitspanne bis dahin in kürzere Abschnitte und setze unterschiedliche Termine für die einzelnen Schritte, aber auch ein endgültiges Datum für die Fertigstellung.

Entschlossen

Sei hartnäckig in Bezug auf die Dinge, die wichtig sind.

Esel sind für ihren Starrsinn bekannt: Für ihren hartnäckigen Biss, mit dem sie sich in etwas festbeißen und nicht aufgeben. Wir nennen es gern *Entschlossenheit.*

Darf ich dir ein kleines Geheimnis verraten? Esel lassen sich nicht gern „störrisch" nennen. Denn dieses Wort deutet an, dass sie dickköpfig sind, unnachgiebig und dass man schwer mit ihnen arbeiten kann. Aber es gibt auch noch eine andere Seite von „störrisch", die wir sehr wohl mögen. Die Definition im Lexikon macht das klar: „Festgelegt in Ziel oder Meinung; *entschlossen.*" Diese Seite von

Eigensinn hält an Überzeugungen fest, zeigt Mut trotz Gegenwind und verliert ihr Ziel nicht aus den Augen. Dieses Maß an Stehvermögen gibt ein lohnendes Ziel nicht einfach auf. Das ist eine gute Esel-Eigenschaft!

Oft sind es nicht schwierige Umstände oder schwerwiegende Probleme, die uns vom Kurs abbringen, sondern einfach das *tägliche Einerlei.* Die eigentliche Herausforderung ist, auch auf lange Sicht an etwas festzuhalten. Tag für Tag, Monat für Monat, Jahr für Jahr braucht es das Markenzeichen der Esel, den Eigensinn, um uns durch den Alltag zu bringen. Die anerkannte Psychologin Angela Duckworth definiert diese Art von Biss als „Ausdauer und Leidenschaft für langfristige Ziele“, die einhergeht mit anhaltendem Interesse, Selbstkontrolle und dem Verzicht auf kurzfristige Befriedigung.

Entschlossenheit ist Hingabe an langfristige Ziele, indem beständige Gewohnheiten entwickelt werden, die zum Erfolg führen. James Clear, der Autor von *Atomic Habits*, sagt: „Beim Stehvermögen geht es nicht darum, eine unglaubliche Dosis Inspiration oder Mut zu bekommen. Es geht darum, tägliche Gewohnheiten zu entwickeln, die es dir ermöglichen, an einem Zeitplan festzuhalten und Herausforderungen und Ablenkungen immer und immer wieder zu überwinden.“ Es hilft dir weiterzugehen, auch wenn du denkst, nicht mehr aufstehen und noch einmal dasselbe tun zu können. Diese Art von Eigensinn ist die wichtigste Ressource, die entscheidet, wie weit du gehen wirst, wie lange du durchhalten und wie viel du erreichen wirst.

Es erfordert Mut, nachdem man: „Ich werde es noch einmal versuchen." gesagt hat, auch noch: „Und ich werde weitermachen!" zu sagen. Esel-Eigensinn – also Entschiedenheit – ist, entschlossen zu tun, was nötig ist, um das Ziel zu erreichen. Es ist der Sportler, der um vier Uhr morgens zum Schwimmtraining aufsteht; es sind die Eltern, die für ihre Kinder sorgen; es ist das Ehepaar, das an seiner vierzigjährigen Ehe festhält und immer bemüht ist, sich gegenseitig Gutes zu tun. Wenn du überzeugt bist, dass deine Bemühungen wichtig und wertvoll sind, wirst du einen Weg finden, nicht aufzugeben.

Das Zitat „Gute Gelegenheiten werden von den meisten Menschen übersehen, weil sie in Overalls gekleidet sind und nach Arbeit aussehen." wird Thomas Edison zugeschrieben, obwohl sein Ursprung strittig ist. In einer Kultur, in der Ruhm geschätzt und viel Aufhebens um nichts gemacht wird und in der vor allem irgendwelche Influencer angesehen sind, erscheint Entschlossenheit ein altmodischer Wesenszug zu sein. Es ist nicht glanzvoll, viel Zeit hinter den Kulissen zu investieren, um ein lohnendes Projekt zu verwirklichen, aber genau das tust du, wenn du deinen inneren Esel umarmst. Du scheust dich nicht davor, Selbstdisziplin zu üben oder gute Gewohnheiten zu entwickeln. Denn du weißt, das ist so, als würde man in einer Goldmine arbeiten: Du musst bereit sein, tief in die Mine hinabzusteigen – wieder und wieder –, um den Schatz zu heben. Bei den meisten Fahrten in die Tiefe wirst du nur Berge von Steinen und Schutt nach oben befördern, aber du machst trotzdem weiter, weil du weißt, dass es irgendwo da unten auch Reichtümer zu entdecken gibt.

Du bist entschlossen. Du hast das Stehvermögen eines störrischen Esels.

Du hast, was nötig ist, um weiterzumachen.

Tiefer graben

★ Wie wäre es, wenn du für etwas, das dir viel bedeutet, ein langfristiges Ziel festlegen würdest? Was hält dich davon ab, all deine Kraft dafür einzusetzen? Lege deinen Anspruch auf ein Ziel gleich hier fest:

★ Was wäre nötig, um dieses Ziel zu erreichen? Stell dir vor, du hast dein Ziel erreicht. Dann roll es von hinten auf: Was musstest du tun, um dorthin zu gelangen?

★ Wann wirst du Gewohnheiten entwickeln, die dich deinem Ziel näherbringen? Planungsdatum:

Kapitel 6

Verblüffen

„Wenn du einem Esel einen Pfannkuchen gibst, will er noch Sirup dazu haben."

Lange bevor ein Schwein in Laura Numeroffs Kinderbuch in Sirup getränkte Pfannkuchen verspeiste, bezauberte in der Erzählung „Brighty of the Grand Canyon" ein Esel, der Pfannkuchen über alles liebte, die Welt. Dieses Buch von Marguerite Henry basiert auf der wahren Geschichte von einem Esel, der von etwa 1882 bis 1922 im Grand Canyon und der näheren Umgebung lebte – ein fast unwirklich erscheinender Held mit einer unvergesslichen Geschichte und einem denkwürdigen Vermächtnis.

Eines Tages taucht im Lager der Minenarbeiter ein wilder Esel auf. Es scheint beinahe so, als würde er auf die Rückkehr von jemandem warten. Die Minenarbeiter geben ihm den Namen Bright Angel (Abkürzung Brighty), in Anlehnung an den Bright Angel Creek. Im Laufe der Zeit wird er zu einer Art Maskottchen für den Canyon. Gezähmt wird er nie wirklich, sondern er wandert frei herum. Die Sommer verbringt er am Nordrand des Canyons beim

Wildhüter Jim Owen oder bei der Familie von Thomas McKee, die das Sommerlager und die Touristen betreut. Seine Dienste bietet er an im Austausch gegen Futter und ein wenig Aufmerksamkeit. Brighty ist gern bereit, zusammen mit dem kleinen Bob McKee Wasser zum Lager zu schleppen und lässt die Kinder auf sich reiten, aber niemand sonst darf ihn als Packesel benutzen. Wer es doch versucht, hat Pech, denn dann reibt er sich so lange an Baumstämmen oder an den Felswänden des Canyons, bis die Lasten von seinem Rücken rutschen und er wieder frei ist. Er tritt auch schon mal aus, wenn er das Gefühl hat, dass ein Mensch nicht ehrlich ist, und er versteckt sich sehr gut, wenn er nicht gefunden werden will. Sobald es kalt wird, verabschiedet er sich von seinen menschlichen Gefährten und verbringt die Wintermonate allein am Fuß des Canyons, wo es wärmer ist.

Da er eine gute Beziehung zum Wildhüter hat und sich im Canyon sehr gut auskennt, trägt Brighty tatsächlich zur Aufklärung eines Mordes bei. Sein Lokalruhm verschafft ihm eine Begegnung mit Teddy Roosevelt, und er begleitet den Präsidenten und seinen Sohn Quentin sogar zu einer Löwenjagd in die Berge. Nach der Fertigstellung der Kaibab-Hängebrücke am Fuß des Canyons führt Brighty die Menschenmenge bei der Einweihung der Brücke an.

Brightys Geschichte wird lebendig in dem Buch von Miss Henry aus dem Jahr 1953, das auf Anhieb ein Erfolg wird. Leser im ganzen Land verlieben sich in diesen ruppigen kleinen Esel, und schon kurz nach Erscheinen wird das Buch verfilmt, und dieser Film bezaubert ein noch viel größeres Publikum. Im Besucherzentrum am Südrand des Grand Canyons wird eine Bronzestatue von Brighty aufgestellt. Diese Statue entwickelt sich zur Touristenattraktion und weckt das Interesse der Menschen an den Wildeseln, die noch immer den Canyon durchstreifen.

Und jetzt kommt die unvergessliche Wende in Brightys Geschichte. Wie sich zeigt, war sein Einfluss auf die Welt noch nicht zu Ende. In den 1970ern entsteht eine Bewegung, die zum Ziel hat, den Grand Canyon in seinen ursprünglichen, natürlichen Zustand zurückzuverwandeln und alle Tiere auszurotten, die nicht in dieser Region beheimatet sind. Zahlreiche Wildesel werden still und heimlich getötet. Aber die Statue des kleinen Brighty, dessen bronzene Nase schon ganz glänzend geworden ist, weil so viele Besucher liebevoll darüberstreichen, stiftet Unruhe. Die Parkverwaltung verbannt die Statue in einen Lagerraum in der Hoffnung, dass Brightys Geschichte vergessen wird. Doch mit der Welle des Protestes, die diese Entscheidung auslöst, hat niemand gerechnet. Die Leute demonstrieren für die Rückkehr der Statue, aber wichtiger noch, ihr Bewusstsein für die Notlage der Wildesel im Canyon wird geweckt. Spendenaufrufe führen zum Erfolg, und ein Großteil der noch im Canyon lebenden Esel werden per Flugzeug ausgeflogen und an anderen Orten angesiedelt, damit sie nicht getötet werden können. Wichtiger noch: Die Rettung der Esel etabliert sich als eine einflussreiche Bewegung, die sich bis zum heutigen Tag für die Erhaltung dieser wunderschönen Tiere einsetzt. Und Brightys Statue findet in der Grand Canyon Lodge am Nordrand ihren endgültigen Standort.

Und all das wegen eines ungewöhnlichen kleinen Esels.

Was bedeutet es, ungewöhnlich zu sein? Es bedeutet, den Mut zu haben, Menschen zu verblüffen, indem du ihre Erwartungen und ihre vorgefassten Vorstellungen von dir und wie du der Welt von Nutzen sein kannst, übertriffst. Du verblüffst deine Mitmenschen mit deiner einzigartigen Fähigkeit, den Widrigkeiten zu trotzen und ihnen etwas zu geben, über das sie reden können. Und du schaffst ein denkwürdiges Vermächtnis. Dies ist ein Kennzeichen wahrer kreativer Führungsqualität, ob du nun im Vorstand eines Unternehmens sitzt, es vielleicht sogar leitest, dich auf Haushalt und Kinder konzentrierst ... oder ein Esel bist. Wenn dein Ziel ist, dich von anderen abzuheben, findest du einen Weg zu dauerhaftem Erfolg.

Brighty war nur ein Esel unter Hunderten Wildeseln im Grand Canyon. Ganz ehrlich, zu der Zeit, als Brighty sich einen Namen machte, gab es zahllose gezähmte Esel, die in den Minen arbeiteten und das Gepäck von Touristen trugen. Aber dieser Esel, der Pfannkuchen so liebte, verblüffte alle, indem er gleichzeitig frei *und* gezähmt lebte, ohne irgendwelche Begrenzungen, und indem er alle Erwartungen übertraf.

Er wurde ein unwahrscheinlicher Held.

Er hob sich von anderen ab.

Er berührte die Herzen der Menschen.

Unwahrscheinlich, bemerkenswert, unvergesslich. Dies sind die Charakteristiken des Esel-Prinzips, wenn es im Leben umgesetzt wird. Wenn du deiner Berufung folgst, wenn du die wichtige Arbeit tust, die nur du tun kannst, dann wirst du die Welt mit deinem Beitrag in Erstaunen versetzen.

Unwahrscheinlich

Habe die Kühnheit, die Menschen, die dich unterschätzen, in Erstaunen zu versetzen.

Übertriff alle Erwartungen.

Sei ein Außenseiter.

Sei jemand, der den Widrigkeiten trotzt; jemand, der anderer Leute Vorurteile erschüttert.

Sei die unwahrscheinliche Erfolgsgeschichte.

Verkannt zu werden, ist nicht ausschließlich schlecht. Wenn niemand von dir erwartet, dass du etwas Großes leistest, dann ist das eigentlich ein Geschenk. Menschen, von denen Großes erwartet wird, stehen in Gefahr, sich selbst und auch die zu enttäuschen, die diese Erwartungen an sie haben. Ihr Ziel ist festgelegt, und weniger zu erreichen, als von ihnen erwartet wird, gilt als Versagen oder Fehlschlag.

Dich dagegen engen solche Begrenzungen nicht ein. Du hast die Möglichkeit, deinen Kurs selbst festzulegen und dir deine eigenen Ziele zu stecken. Unwahrscheinlich zu sein, verschafft dir das Geschenk von Zeit – der Zeit, dein Handwerk zu lernen, die Umgebung zu erkunden und dir ein Netzwerk von Helden, Helfern und Herden aufzubauen. Du kannst einfallsreich und kreativ sein bei der Suche nach Lösungen, die alle Erwartungen übersteigen – ohne den Druck von außen, „Erfolg haben zu müssen".

Da du nichts zu verlieren hast, kannst du „zum Mond fliegen", dir ein beinahe unmögliches und ehrgeiziges Ziel setzen, das andere dir nie zugetraut hätten, das dir aber die Gelegenheit bietet, deine Kritiker in Erstaunen zu versetzen.

Alison Lumbatis, Gründerin und Vorstandsvorsitzende von *Outfit Formulas*, begann im Alter von vierzig Jahren mit ihrem Modeblog, als ihr klar wurde, dass sie Frauen gern helfen wollte, durch Kleidung ihren Wert zu entdecken – ein unwahrscheinlicher Weg für jemanden, der Ingenieurswesen studiert hatte. Schon früh erklärte ihr eine erfolgreiche Influencerin, ihr Blog würde nie erfolgreich werden und ihr viel Geld einbringen, weil sie nicht – wie andere Blogger – neue Kleidung und Outfits präsentierte und auch nicht das Ziel verfolgte, immer neue Aufträge zu bekommen.

Aber das widersprach Alisons Konsumverhalten, und so präsentierte sie auch weiterhin die Kleidungsstücke, die sie in ihrem Schrank fand, in immer neuen Kombinationen. Damit verdiente sie tatsächlich kein Geld, genau wie diese Influencerin vorausgesagt hatte. Alison erklärt: „Was passierte, war sogar noch viel besser! Ich entwickelte ein Programm, bei dem Frauen die Kleidung, die sie in ihren Schränken hatten, im Rahmen ihrer finanziellen Mittel neu kombinieren konnten. Und jetzt leite ich ein Unternehmen, das einen siebenstelligen Umsatz erwirtschaftet und ein Team von zehn Frauen beschäftigt und verdiene nicht wie andere Unternehmen mit dem Verkauf von Kleidung mein Geld." Unglaublich!

Alisons unwahrscheinlicher Weg ermöglichte es ihr, eine erfolgreiche Firma aufzubauen, die nicht nur in Übereinstimmung mit ihren Wertmaßstäben operiert, sondern auch noch anderen hilft und ihnen dient.

Ich wette, du kennst das. Auch du musstest vielen Widrigkeiten trotzen, um dahin zu gelangen, wo du jetzt bist. Vielleicht hat eine wohlmeinende Person dich daran gehindert, dein Ziel hoch zu stecken. Vielleicht fällt es dir gerade schwer, daran zu glauben, dass du deinen unwahrscheinlichen Traum verwirklichen kannst. Vielleicht hat dich jemand davon überzeugt, dass du nicht das Talent, die Eignung, den Hintergrund, die Bildung, die nötigen Verbindungen oder finanziellen Mittel hast, um dir deinen Weg zum Erfolg zu bahnen.

Zeig ihnen, dass sie unrecht haben.

Denke daran, dass das Unwahrscheinliche für Esel nichts Besonderes ist. Sie sind in der Lage, das Unmögliche möglich zu machen. Sie machen einen kühnen Schritt nach dem anderen und nehmen wechselnde Routen, um ihr Ziel zu erreichen. Wenn du dich entmutigt fühlst, vergiss nicht, dass *vielen* großen Führungspersönlichkeiten und Leistungsträgerinnen von anderen nicht viel zugetraut wurde. Winston Churchill zum Beispiel galt einst als abgewrackter Politiker und stand dann aber während des Zweiten Weltkriegs an der Spitze Großbritanniens. Oder Wolodymyr Selenskyj, ehemals Komiker, stieg zum Präsidenten der Ukraine auf und setzt sich jetzt zusammen mit seinen Landsleuten gegen die russische Invasion zur Wehr. Helden wie sie finden ihren Weg an die Spitze – trotz der niedrigen Erwartungen anderer an sie.

Ein Wildesel am Fuß des Grand Canyons? Ja, eine unwahrscheinliche Geschichte. Dieses Tier stellte die Erwartungen an sich durch seine ausgeprägte Persönlichkeit und seinen Charme infrage und gewann dabei die Herzen der Menschen. Brighty stellt uns vor Augen, dass die Geringschätzung anderer ein wunderbarer Ausgangspunkt sein kann. Wenn du zu der Einsicht kommst, dass Widrigkeiten eine Chance sein können für alle, die bereit sind, ein Risiko einzugehen, beginnst du dich dem Unwahrscheinlichen zu stellen und bemühst dich, die Neinsager in Erstaunen zu versetzen.

Tiefer graben

★ Warum nicht? (Auch hier ist die Frage: „Warum nicht?“ berechtigt.) Warum *nicht* derjenige sein, der sich den Erwartungen widersetzt und ein verblüffendes Ergebnis zustande bringt? Welche Erwartungen haben die Menschen deiner Meinung nach im Augenblick an dich? Was könnte sie am meisten in Erstaunen versetzen?

★ Was wäre nötig, um deine Träume von „unmöglich" in Richtung „möglich" zu verschieben?

★ Wann wirst du tätig werden? Lege ein Datum fest, an dem du die Verwirklichung des ersten deiner Ziele in Angriff nehmen und wann du es erreicht haben willst. Welches Ziel steht ganz oben auf deiner Liste? Welche anderen Ziele stehen dir noch vor Augen?

★ Datum für den Beginn der Verwirklichung meines ersten Ziels:

★ Datum für die Verwirklichung:

Bemerkenswert

Hebe dich von der Masse ab.

Sorge dafür, dass die Leute über dich reden. Mach anderen eine Freude, indem du außergewöhnlich bist. Brighty war einer von vielen hundert Wildeseln in der Nähe des Grand Canyons, doch nur er hob sich von allen anderen ab. Er war bemerkenswert. Denn immerhin war er ein Esel, der *Pfannkuchen liebte.* (Du siehst, es braucht nicht viel, um bei den Menschen Aufsehen zu erregen.) Die Leute redeten über Brighty, weil er einfach etwas Ungewöhnliches getan hat. Bisher war noch niemand einem Esel begegnet, der Pfannkuchen fraß, und diese Marotte zauberte ein Lächeln auf die Gesichter der Leute. Besucher des Canyons konnten kaum fassen, dass ein wilder Esel Kinder auf sich reiten ließ und ihnen bei ihren Aufgaben half. Sie lachten, wenn er Erwachsene abwarf oder sich weigerte, sich für anstrengende Teenager zu bewegen. Und dass er allem Anschein nach den Charakter eines Menschen beurteilen konnte – nun, das war tatsächlich ein interessantes Gesprächsthema!

In meinem Leben bin ich schon vielen bemerkenswerten Menschen begegnet. Das sind Persönlichkeiten, die andere mit ihren ungewöhnlichen Interessen oder Fähigkeiten in Erstaunen versetzen. Meine Freundin Becki ist Skilehrerin in Idaho und genießt einen hervorragenden Ruf. Sie ist Mutter von fünf Kindern und Großmutter von zwei Enkelkindern ... und sie trägt eine Beinprothese. Als Teenager wurde ihr wegen einer seltenen Krebserkrankung das linke Bein am Oberschenkel amputiert, noch bevor sie die Highschool abgeschlossen hatte. Trotzdem gab sie ihren Sport, den sie liebte, nicht auf – ob nun Jogging oder Skifahren oder alles dazwischen. Bemerkenswert!

Den Herzchirurgen, der vor langer Zeit meinen Mann operiert hat, werde ich wohl auch in bleibender Erinnerung behalten. Dreißig Jahre ist das jetzt her, doch noch immer denke ich an die ungewöhnlichen und interessanten Krawatten, die er unter seinem Arztkittel trug. Die Muster der Krawatten zeugten von seinen vielfältigen Interessen, zum Beispiel Fischköder und sogar Comic-Helden. Und jede einzelne Krawatte forderte bei seiner Morgenvisite zu einer Bemerkung heraus. Erst vor Kurzem sprachen mein Mann und ich noch mal darüber, und uns standen immer noch bestimmte Muster vor Augen, die sich in unser Gedächtnis eingebrannt hatten. Er hatte für jeden seiner Patienten ein Lächeln, und mit der Auswahl seiner Krawatten wollte er sie täglich von ihren Ängsten ablenken.

Der Zahnarzt, bei dem ich früher in Behandlung war, sah genauso aus wie Clint Eastwood. Die Ähnlichkeit war so ausgeprägt, dass er sie für seine Marketing-Strategie nutzte. Überall in der Stadt hingen Plakate, mit denen er für seine Praxis warb. Die Ähnlichkeit mit dem Filmstar war auf jeden Fall Gesprächsstoff für die Leute.

Meine Freundin Peggy liebte Partys. Ihre akribischen Planungen über Monate hinweg machten ihre Partys zu einem denkwürdigen Ereignis, an das sich ihre Gäste noch Jahre später erinnerten. Sie gab sogar Kurse, in denen sie den Teilnehmerinnen beibrachte, wie man bei sich zu Hause eine gelungene Party schmeißt. Diese wurden sehr gern von jungen Frauen (und vereinzelt auch Männern) besucht, die ihre Begeisterung für Partys ansteckend fanden.

Oft können wir uns gar nicht vorstellen, wie wenig es braucht, um bemerkenswert zu sein. Manchmal brauchen wir nur ein wenig Freundlichkeit oder die Bereitschaft, etwas zu tun, womit andere nicht rechnen.

Präsident George H.W. Bush war bekannt für seine persönlichen, von Hand geschriebenen Briefe. Tag für Tag verfasste er kleine Dankesbriefe an die unterschiedlichsten Menschen – an Assistenten im Büro genauso wie an die Mächtigen dieser Welt –, um seinen Dank auszudrücken für kleine und scheinbar unbedeutende Dinge oder auch für die großen, wichtigen Angelegenheiten auf der Weltbühne. Für ihn war das ein einfaches Mittel, um mit anderen in Kontakt zu bleiben, doch noch heute wird darüber geredet.

Jetzt ist ein guter Zeitpunkt, dich zu fragen: „Wodurch hebe ich mich von anderen ab? Wofür bin ich bekannt und womit kann ich anderen eine Freude machen?“

Bemerkenswert zu sein bedeutet nicht, dass du besonders gut bist in deinem Beruf oder eine bestimmte Marketing-Strategie verfolgst. Es geht darum, Interessen, Fähigkeiten und Erfahrungen zu erlangen, die dein Leben bereichern und deinen Einfluss erweitern und kultivieren. Wenn du deine Komfortzone verlässt, indem du Ja sagst zu einer neuen kreativen Idee, dir eine neue Gewohnheit aneignest oder endlich deine Eigenarten annimmst, bewegst du dich langsam von gewöhnlich zu außergewöhnlich. Der kleine Schritt, deine Bemühungen und Interessen öffentlich zu machen, kann dich in eine ganz eigene Liga katapultieren.

Bemerkenswert zu sein bedeutet, dass man mit Leuten ins Gespräch kommt, neue Verbindungen knüpft und Sichtweisen ändert.

Tiefer graben

★ Du könntest Ja sagen zu einer Aktivität oder einem Hobby, für das du dich interessierst, das du aber aufgeschoben hast. Was könnte das sein?

★ Wie würde „bemerkenswert sein“ für dich aussehen? Was sollten die Menschen über dich sagen, wenn du den Raum verlässt?

★ Wann wirst du ein Datum festsetzen, um etwas zu tun, das außergewöhnlich ist? Was genau willst du tun?

Unvergesslich

Sei ein Mensch, der etwas bewirkt, indem du dich auf die Emotionen anderer Leute einlässt.

Wage es, unvergesslich zu sein.

Was macht eine Person unvergesslich? Muss man einfach nur ungewöhnlich oder originell sein? Wird man durch eine aufregende Erfahrung unvergesslich? Oder dadurch, dass man tiefgreifende Gedanken weitergibt? Oder reicht Unvergesslichkeit viel tiefer?

Die amerikanische Schriftstellerin und Bürgerrechtlerin Maya Angelou soll gesagt haben: „Ich habe gelernt, dass Menschen vergessen, was du gesagt hast. Menschen vergessen tatsächlich auch, was du getan hast, aber *Menschen werden niemals vergessen, welches Gefühl du ihnen vermittelt hast.*"

Der kleine Canyon-Esel Brighty ist noch lange nach seinem Tod in Erinnerung, weil er das Herz der Menschen angerührt hat. Er hatte etwas, das bei jedem, mit dem er in Kontakt kam, eine emotionale Reaktion ausgelöst hat. Er war frei und konnte wild herumlaufen, und doch blieb er bei den Menschen und heiterte sie durch seine Marotten auf. Sein Leben zu seinen Bedingungen stellte den Menschen vor Augen, dass auch sie frei von den Zwängen der Erwartungen leben und sich ein Leben voller Entdeckung und Freude vorstellen konnten. Menschen verliebten sich in seinen ungezähmten Geist, aber sie mochten auch seine Verletzlichkeit. Brighty war für sie etwas Besonderes, und deshalb liebten sie ihn. Brighty machte die Menschen glücklich.

Unvergesslich zu sein bedeutet, Verbindung aufzunehmen mit den Emotionen seiner Mitmenschen, und das ist nur möglich, wenn du authentisch lebst. Wenn man sich verletzlich macht, birgt das ein gewisses persönliches Risiko, der Lohn ist jedoch eine tiefe, dauerhafte Verbindung zu anderen. Genau deshalb wird jemand, der eine Person nennen soll, die für ihn unvergesslich geblieben ist, höchstwahrscheinlich keine berühmte Persönlichkeit nennen, sondern vielmehr jemanden, der ihn persönlich beeindruckt hat. Wenn du darüber nachdenkst, kommt dir vielleicht ein Elternteil oder ein Verwandter in den Sinn, der dich als die erkannt hat, die du bist und der dich trotzdem liebt und akzeptiert. Das hinterließ einen dauerhaften emotionalen Eindruck bei dir. Vielleicht auch ein Lehrer, der auf einer tieferen Ebene mit dir in Verbindung getreten ist, oder sonst jemand, der dich inspiriert oder dir geholfen hat, deinen eigenen Wert zu erkennen.

Ein unvergesslicher Mensch ist jemand, der

- ★ aufrichtig ist
- ★ Gefühle zeigt
- ★ seine Geschichte erzählt
- ★ anderen Menschen zuhört und sie sieht
- ★ anderen Bestätigung gibt
- ★ nicht überheblich ist
- ★ authentisch ist
- ★ aufmerksam ist
- ★ weiß, was zählt
- ★ Mitgefühl zeigt
- ★ anderen Wertschätzung entgegenbringt

Der amerikanische Moderator, Fernsehproduzent und Pastor Fred Rogers aus *Mr Rogers Neighborhood* war ein solcher Mensch, der unvergesslich geblieben ist. Seine Fernsehsendung, die in den USA von 1968 bis 2001 (!) im öffentlich-rechtlichen Fernsehen ausgestrahlt wurde, machte seine tiefe Liebe zu Kindern deutlich, und wie sehr ihm ihr emotionales Wohlergehen am Herzen lag. Ganz anders als bei anderen Kindersendungen, die sich auf die Vermittlung von Schulwissen konzentrierten, stand in Mr Rogers' Sendung die emotionale und körperliche Gesundheit der Kinder im Mittelpunkt. Mit ruhiger Gelassenheit und freundlicher Stimme sprach er auch über schwierige Themen wie Tod, Scheidung, Rassenunterschiede, Behinderung und Verlust.

Als ordinierter Pastor der presbyterianischen Kirche war Fred Rogers der Meinung, dass der Raum zwischen ihm und einem Kind, das seine Sendung im Fernsehen anschaute, ein „heiliger Raum" war. Darum ging er bei jeder Sendung mit Vorsicht und Besonnenheit vor. Auf diese Weise förderte er bei Millionen Kindern und ihren Familien Mitgefühl, Freundlichkeit und Verständnis. Er half ihnen beim Umgang mit Themen, die ihnen wichtig waren, zollte ihren Gefühlen Wertschätzung und lebte Akzeptanz vor. Durch das Medium Fernsehen fand Fred Rogers einen Weg, eine emotionale Verbindung zu seinem Publikum aufzubauen – sehr aufrichtig und dadurch gleichzeitig verletzlich. Irgendwie spürten seine jungen Zuschauer, dass sie ihm wichtig waren und er ihre Welt verstand. Und darum hat er einen bleibenden Eindruck hinterlassen.

Unwahrscheinlich, bemerkenswert, unvergesslich. Auch du kannst erstaunlich sein. Du brauchst keinen Geschwindigkeits-Weltrekord aufzustellen oder im Netz für deine coolen Dance-Moves Erfolg zu haben. Du solltest lediglich deine persönliche Geschichte auf einen unwahrscheinlichen

Entwicklungsschritt vorbereiten. Achte darauf, wodurch du dich selbst und andere in Erstaunen versetzen kannst, nimm deine Andersartigkeit an und entscheide dich dafür, dich ganz auf andere einzulassen.

Tiefer graben

★ Wie wäre es, wenn du einmal dein Zögern überwinden und ein ehrliches Gespräch mit jemandem führen würdest, der dir wichtig ist? Welche Person wäre das?

★ Was wäre nötig, um unvergesslich zu werden? Wie kannst du in deiner persönlichen Welt unvergesslich sein? In deinem beruflichen Umfeld?

★ Wann wirst du die Sache weiterverfolgen? Vielleicht hast du den Eindruck, dass nie ein guter Zeitpunkt ist, um einem anderen Menschen zu zeigen, wie wichtig er dir ist. Wenn du es bisher aufgeschoben hast, diesen Brief zu schreiben oder diesen Telefonanruf zu machen, dann nimm das in dieser Woche in Angriff. Notiere hier einige Ideen, was du deinem Gegenüber sagen möchtest.

Definiere dein Tempo

Kapitel 7

Aufsteigen

„Auf die Plätze, fertig, los!“

Beim Schuss der Startpistole sprinten die Läufer los zum 34-Kilometer-Lauf durch steiniges Gebirgsterrain: Männer und Frauen, junge und alte, große und kleine. Sie laufen in Zweierteams: ein Mensch und ein Esel. Wie ihre menschlichen Teampartner sind auch die Esel unterschiedlich groß. Es handelt sich um ein Packeselrennen! Das ist der offizielle Sommersport in Colorado, und ja, das ist ein großes Ereignis! Die Regeln sind einfach: Jeder Esel muss eine genau abgewogene Last tragen, die unter anderem aus einem Bergbautiegel, einer Spitzhacke und einer Schaufel besteht – genau die Sachen, die Esel in früheren Zeiten des Bergbaus tragen mussten. Jeder Teilnehmer läuft mit seinem Esel (reiten ist nicht gestattet), und jeder muss auf dem ganzen Weg den Führstrick in den Händen halten. Wenn der Strick herunterfällt, muss der Wettkämpfer zu der Stelle zurückgehen, wo er ihn fallen gelassen hat, und noch einmal von vorn beginnen. Dieses Rennen ist eine Würdigung der historischen Minenstädte, soll aber auch zeigen, wie sportlich diese außergewöhnlichen Tiere sind, die aus der Zeit des Goldrauschs nicht wegzudenken sind.

Entstanden ist dieses Rennen, als Goldsucher im Eiltempo den Berg hinunter in die Stadt rannten, um ihren Anspruch auf eine Goldmine anzumelden – ihre Esel trabten neben ihnen her. Das erste *offizielle* Rennen fand im Jahr 1949 in Fairplay in Colorado statt, und seither kommen Menschen aus der ganzen Welt in die Minenstädte des Westens, um sich in diesem Extremsport zu beweisen. Einen Preis bekommen nur die schnellsten Teams, aber trotzdem ist es für jedes Team eine Genugtuung, das Ziel erreicht zu haben.

Shane Weigand, ein Gründungsmitglied des „New Mexico Pack Burro"-Teams und Vorstandsmitglied der „Western Pack Burro Association", reiste mit seinem sechsjährigen Esel Comet in einen Nachbarstaat. Als Bogenschütze brauchte Shane die Esel, um Elchfleisch aus den Bergen ins Tal zu transportieren, aber schon bald war sein Interesse an der Tradition der Packesel geweckt.

„Esel sind ein Teil der Geschichte des Westens", sagt er mir bei unserem Gespräch über seine Erfahrungen. „Auf fast jedem Foto der alten Minenstädte in den Bergen sind Esel zu sehen. Sie waren überall."

Bei seinen Jagd-Expeditionen ist der Bogenschütze viel mit seinen Eseln allein. Gemeinsam wandern sie viele Meilen ins Hinterland, schlafen unter freiem Himmel und arbeiten als Team zusammen. Er sagt, Esel besäßen eine einzigartige Präsenz und seien deshalb ganz besonders geeignet für solche Wanderungen. Esel sind von Natur aus ruhig, verfügen über einen natürlichen Instinkt für den Weg und scheinen sich ihrer eigenen Kraft bewusst zu sein. Sie scheinen zu wissen, dass sie der Arbeit und den Herausforderungen der Berge gewachsen sind. Es ist, als würden sie vollständig im Augenblick leben, das Abenteuer genießen, und unterwegs nehmen sie sich manchmal natürlich die Freiheit, von den Gräsern und Büschen auf den Bergen zu naschen. Sie strahlen eine ruhige Zuversicht aus und haben nicht das Bedürfnis, im Mittelpunkt zu stehen. „Es sind unglaubliche Tiere, die für ihre Leistungen nicht genügend Anerkennung bekommen", erklärt Shane.

Lachend fährt er fort: „Eine große Herausforderung bei der Arbeit mit Eseln, ob nun im Hinterland oder beim Rennen, ist ihr Umgang mit bestimmten Situationen." Wenn ein Esel mit etwas konfrontiert wird, das ihm fremd vorkommt, ist sein natürlicher Impuls stehenzubleiben. Das kann die Person, die ihn führt, zutiefst frustrieren. Dieses Stehenbleiben wird häufig mit Widerspenstigkeit verwechselt, und die Menschen spotten darüber oder machen sich darüber lustig. Doch ein Esel hat gelernt, wie gut es ist, einfach mal innezuhalten – eine klassische Reaktion, um die Dynamik eines Vorgangs unter Kontrolle zu bringen. „Bei so einem Wettkampf musst du unbedingt dein Ego überprüfen", erklärt Shane.

Die Esel-Rennen finden in den kleinen Städten Colorados und des Südwestens statt. Als Shane davon erfuhr, musste er nicht lange überlegen; er wollte unbedingt mit dabei sein. Bevor er seinen Esel Comet vom „Bureau of Land Management“ (einer Agentur, die dem Innenministerium der Vereinigten Staaten unterstellt ist) übernahm, ging er mit einigen anderen Eseln an den Start. Noch braucht es Zeit, bis die beiden zu einem guten Team zusammengewachsen sind.

Shane weiß, wie wichtig es bei einem Langstrecken-Rennen ist, sich selbst und Comet zu zügeln, um durchzuhalten. „Wenn die erste Stunde mit der ganzen Aufregung und dem hohen Adrenalinspiegel überstanden ist, versucht man, eine Gangart zu finden, die man durchhalten kann. Der Preis ist dem Esel egal. Er macht bei dem Rennen mit, weil *du* mitmachst, und nur gemeinsam wird das Ziel erreicht. Der Esel ist zufrieden, wenn er die Aufgabe mit dir zusammen gemeistert hat.“

Esel, ob sie nun über Bergpfade traben, ins Hinterland wandern oder Gold aus einer Mine transportieren, kennen ihre Gangart; sie sind schnell und verfügen über einen sicheren Tritt, aber sie lassen sich nicht gegen ihren Willen antreiben. Sie sind sich ihrer eigenen Präsenz bewusst und wissen, dass sie das Gelände bewältigen können. Und sie wissen auch, dass eine Pause ihnen die Gelegenheit gibt, ihre nächsten Schritte zu überdenken.

Wie wirst *du* den Berg, der deine Berufung ist, besteigen? Indem du auf dein Tempo achtest, auf deine Präsenz und den Wert der Pause.

Das Tempo

Lass dir Zeit. Lass dich auf ein Tempo ein, das du auf lange Sicht durchhalten kannst.

Suche das Tempo, das für *dich* richtig ist.

Auch wenn Esel ihre sportlichen Fähigkeiten in Packesel-Rennen demonstrieren, liegt ihre größte Stärke nicht in der Geschwindigkeit, sondern in der Art und Weise, wie sie den Weg bewältigen. Jeder Esel, der an einem Wettkampf teilnimmt, wird unterwegs galoppieren, traben und trotten (ja, vielleicht sogar bocken), aber das macht den Charme von solchen Ereignissen aus, und darin liegt auch die Herausforderung. Zusammen mit ihren menschlichen Partnern versuchen die Esel, ein Tempo zu erreichen, das sie in dem unwegsamen Gelände, das sich auch permanent verändert, durchhalten können. Ein Tempo, das sie auf gepflasterten Straßen, auf steinigen Pfaden, Bergpässen und auch an steilen Abhängen halten können. Nicht selten übernimmt der Esel die Führung und gibt das Tempo vor. Er entscheidet, wie der Weg anzugehen ist. Das erfordert ein Maß an Vertrauen, das nur durch beständiges Training und im Laufe der Zeit erreicht wird.

„Es ist immer eine gute Idee, sich ein anderes Team zu suchen, mit dem man mithalten kann", erklärt Shane Weigand mir im Lauf des Gesprächs. „Unterwegs kann man mit anderen eine Art Seilschaft bilden. Wenn ein Esel vor der Gruppe herläuft, fällt es den anderen leichter, engagiert zu bleiben und sich weiterzubewegen." Das ist auch für das reale Leben keine schlechte Strategie. Wenn du dir andere suchst, die in dieselbe Richtung gehen, bleibst du motiviert weiterzumachen, obwohl du am liebsten aufgeben würdest.

Können Esel schnell laufen? Ohne Frage. Aber Esel sind nicht unbedingt für Geschwindigkeit gebaut. Ihre beste Eigenschaft ist die Ausdauer. Ihre Aufgabe ist es, *die Waren auszuliefern*.

Und deshalb müssen sie das Tempo bestimmen.

Sie müssen ihr Tempo drosseln, um Energie zu sparen und einen Rhythmus zu finden, der gut ist, der sie durchhalten lässt. Jeder Langstreckenläufer wird dir sagen, wie wichtig es ist, ein verkraftbares Tempo zu wählen, wenn du ans Ziel kommen willst. Läufst du sofort mit voller Geschwindigkeit, wird die Energie, die du für die späteren Etappen des Weges noch brauchst, bald aufgebraucht sein.

Unglücklicherweise haben viele von uns das Gefühl, in einem halsbrecherischen Tempo unterwegs sein zu müssen. Die moderne Technologie hat unser Leben leichter gemacht, aber sie hat auch ein Umfeld geschaffen, in dem wir sieben Tage die Woche vierundzwanzig Stunden erreichbar sein müssen. Die Arbeit ist nicht um 17 Uhr zu Ende, sie durchdringt unsere Abende und Wochenenden, reißt uns in der Nacht aus dem Schlaf und weckt uns morgens auf, noch bevor der Wecker klingelt. Wir glauben, bei jeder Gelegenheit springen und eine ständig größer werdende Last von Pflichten auf uns nehmen zu müssen. Als Folge davon leidet unsere Produktivität, und unsere Fähigkeit, sinnvolle Arbeit in der Welt abzuliefern, wird eingeschränkt.

Oft erkennen wir den Wert des richtigen Tempos erst, nachdem wir in ein Burnout gerutscht sind – also an einem Punkt, an dem man keinen Schritt mehr weitergehen kann. Das ist der Zeitpunkt, zu dem eine Neubewertung der eigenen Prioritäten und eine neue Festlegung der eigenen Grenzen längst überfällig ist, damit du ein produktives und sinnvolles Leben führen kannst und nicht unter der Last und den Zwängen zusammenbrichst. Ein besserer Ansatz ist, gleich zu Beginn den langen Weg im Blick zu haben, um gut ans Ziel zu kommen.

In ihrem Buch *The Long Game: How to be a Long-Term Thinker in a Short-Term World* schreibt Dorie Clark: „Überlege, was tatsächlich nötig ist, um deine Ziele zu erreichen. Viel zu viele Menschen lassen sich entmutigen, weil sie nicht schneller vorankommen. Der Grund dafür ist, dass sie sich nie die Zeit nehmen, zu hinterfragen oder sich ins Gedächtnis zu rufen, wie lang andere für ihren Erfolg gebraucht haben. Entwickle zuerst ein klares Bild, damit du dein Tempo bestimmen und realistische Ziele festlegen kannst."

Sobald man erkennt, dass es im Leben nicht darum geht, das Rennen zu gewinnen, sondern eine gute Arbeit abzuliefern, kannst du anfangen, darüber nachzudenken, welches Tempo für dich machbar ist. Du kannst anfangen, dein Leben so zu gestalten, dass es dir und der Welt um dich herum dient – zu deinen eigenen Bedingungen und in deinem Tempo.

Tiefer graben

★ Bewerte doch einmal das Tempo deines Lebens. Hast du das Gefühl, dass dein gegenwärtiges Projekt/Leben außer Kontrolle geraten ist? Ist der Sieg dein Ziel? Oder ist dein Ziel, deine beste Arbeit abzuliefern?

★ Wie würde es aussehen, dein eigenes Tempo festzulegen? Welcher Rhythmus fühlt sich gut für dich an?

★ Welche Auswirkungen würde es auf dein Ziel haben, wenn du dein Tempo selbst bestimmen würdest? Was von den Dingen, die nicht zielführend sind, kannst du weglassen?

Präsenz

Vertrau deinem Instinkt. Glaube an die Macht deiner eigenen Präsenz.

Viele von uns haben die Angewohnheit, sich mit anderen zu vergleichen. Und meistens lässt uns das mit einem stark ausgeprägten Gefühl der Unzulänglichkeit zurück. Wir *fühlen* uns in einer Welt, in der Rennpferde gefeiert werden – diese strahlenden Sieger, die mühelos persönliche und berufliche Siege erringen –, wie Esel. Wir glauben den Stimmen, die uns sagen, dass wir nicht genügen und dass wir es nicht mit den Rennpferden aufnehmen können. Dadurch verkleinern wir unsere Präsenz in der Welt. Das ist ein sicherer Weg zu resignieren, bevor wir auch nur angefangen haben.

Vielleicht ist dir auch ein bestimmtes Narrativ von Erfolg eingetrichtert, das viel zu eng gesteckt ist: „Glänze. Sei einfallsreich. Sei das schnellste Pferd!" Deshalb hast du versucht, dich auf einer Rennstrecke zu beweisen, für die du nicht geschaffen wurdest, auf einer Rennstrecke, auf der du unendlich im Kreis läufst, bis ein paar wenige Teilnehmer zu Siegern gekürt werden.

Aber das ist nicht, wofür du geschaffen wurdest, ganz und gar nicht!

In deinem Leben solltest du Verwalter des Goldes im wilden Land der Freiheit sein. Das ist deine Aufgabe. Du kannst deinen Weg selbst wählen. Du kannst von der Straße abweichen. Du hast die Voraussetzungen, dich geschickt auf schwierigen Pfaden und furchtlos auf Berggipfeln zu bewegen. Das ist nichts für die Strahlenden und Geleckten, sondern für die Menschen, die den Staub nicht scheuen und einen sicheren Tritt haben.

In dieser Art von Präsenz liegt große Kraft.

Du bringst diese Art von Präsenz in die Welt.

Du hast die Voraussetzungen dafür.

Deine Existenz ist kraftvoll, und sie wird nicht an den Standards eines anderen gemessen.

Wenn du erst einmal die Tiefe deiner Präsenz entdeckst, kannst du anfangen, auf deinem eigenen Weg deinen Instinkten zu vertrauen. Dann ist kein vorbereiteter Weg mehr nötig. Du kannst hoch aufgerichtet und selbstbewusst zu deinem „Esel-Ich" stehen.

Das erinnert mich an den Fotografen und Unternehmensgründer Chase Jarvis, der mit einem Fußballstipendium ans College kam. Er konzentrierte sich auf die Wissenschaften und arbeitete auf einen Studienplatz an einer prestigeträchtigen Universität hin, wo er Medizin studieren wollte. Doch eine Woche vor seiner Graduierung hatte sein Großvater ganz unerwartet einen Herzinfarkt und starb. Er hinterließ Chase eine kleine Sammlung von Kameras und Objektiven. Wertvoll waren diese Geräte nicht, aber sie lenkten Chases Trauer in eine kreative Richtung, die sein Leben dramatisch verändern sollte.

Entschlossen verfolgte er diesen neuen Weg und investierte seine ganze Kraft in die Fotografie. Und tatsächlich, seine Fotos erlangten eines Tages Weltruhm. Daraufhin gründete er CreativeLive.com, eine Plattform, auf der Menschen Hilfe für die Verwirklichung ihrer kreativen Träume finden können. Chase verließ den „vorgeschriebenen" Weg zum Erfolg und schuf seinen eigenen Weg durch unbekanntes Terrain, weil er auf seinen Instinkt vertraute. Er schreibt: „Das Flüstern der Intuition sagt uns, welches unsere Bestimmung ist und wie wir leben sollen. Es kommt aus unserem Inneren und führt in unbekanntes Land. Nachdem ich endlich angefangen hatte, auf den Ruf zu hören, fand ich mich auf einem neuen Weg wieder. Nicht auf dem Weg, den mir mein Berufsberater aufgezeigt hatte, zu dem meine Eltern mich ermutigt hatten oder den die Gesellschaft vorgeschlagen hatte. Sondern meinen eigenen."

So kann es aussehen, wenn du in deiner Präsenz hoch aufgerichtet dastehst.

Amy Cuddy, Autorin von *Presence: Bringing Your Boldest Self to Your Biggest Challenge*, erklärt: „Präsenz ist der Zustand, in dem man eingestimmt ist auf seine wahren Gedanken, Gefühle, Werte und sein Potenzial und dadurch in der Lage ist, ihnen Ausdruck zu verleihen ... Präsenz wird sichtbar, wenn wir uns persönlich stark fühlen. Das ermöglicht es uns, sehr authentisch zu sein und zu handeln."

Was rät dir dein Instinkt? Weglaufen? Hinlegen? Kämpfen? Oder ... sich zeigen? Zuhören? Arbeiten? Tiefer graben? Bringe die äußeren Stimmen zum Schweigen, damit dein innerer Kompass dich leiten kann. Dazu brauchst du Mut und Übung. Lass los, wer du *nicht* bist und steige aus den Rennen aus, die du *nicht* laufen solltest. Dann kannst du Dinge tun, die in Übereinstimmung sind mit deinen Wertmaßstäben. Wenn du auf deine Intuition hörst, wirst du vor anderen aufrecht stehen können und mit dir selbst im Reinen sein.

Tiefer graben

★ Wie wäre es, wenn du von dem vorgezeichneten Weg, auf den ein anderer dich geführt hat, einmal abweichen und deinen eigenen Weg suchen würdest? Wo sollte dieser Weg dich idealerweise hinführen?

★ Wie würde es aussehen, wenn du deinem Instinkt vertrauen würdest? Was würde es dich kosten, wenn du auf dein Bauchgefühl hören wolltest?

★ Wann willst du das umsetzen, was du instinktiv als richtig erkannt hast? Warum ist *jetzt* ein guter Zeitpunkt?

Innehalten

Lerne die Macht des Innehaltens kennen.

Es ist kein Geheimnis: Esel bocken oft. Sie bleiben ganz plötzlich stehen und weigern sich, sich auch nur einen Zentimeter weiter zu bewegen. Sie wollen einfach nicht. Mehr. Gehen. Punkt.

Das kann frustrierend sein und peinlich für die Person, die die Tiere antreibt. Ich kann gar nicht sagen, wie oft ich meinen Esel Flash zum Weitergehen bewegen wollte, wenn er aus unerklärlichen Gründen beschlossen hatte, sich nicht mehr fortzubewegen. Schlimm ist das, wenn es vor Menschen passiert, die ich gern beeindrucken will. Oder wie Shane Weigand mit einem verlegenen Grinsen sagt: „Wenn du gerade die Ziellinie überqueren willst."

Warum bocken Esel eigentlich? Sind sie einfach nur störrisch? Oder tun sie das, weil sie dumm sind?

Ganz ehrlich, nichts davon. Innehalten ist eine instinktive Verhaltensweise und rückt die Macht der Entscheidung wieder auf ihren richtigen Platz.

Esel bleiben stehen, weil sie nicht genau wissen, was vor ihnen liegt. Vielleicht trauen sie den Anweisungen nicht oder dem, der die Anweisungen gibt. Vielleicht sind sie müde. Oder irgendetwas bereitet ihnen Schmerz oder Unbehagen. Oder ... vielleicht haben sie auch eine bessere Idee.

Innezuhalten ist für den Esel ein Weg, seine Möglichkeiten abzuwägen. Anstatt weiter vorzupreschen, nimmt er sich einen Augenblick Zeit, um zu überlegen, was er tun soll. Er kommuniziert, dass er sich nicht in eine Entscheidung oder eine Maßnahme zwingen lässt, ohne sie vorher zu durchdenken.

Jeder von uns kann lernen, wie wichtig es ist innezuhalten.

Wie viele übereilte Entscheidungen hast du schon getroffen, die du dann später bereut hast? Wie oft fühlst du dich gedrängt, etwas zu tun, was du gar nicht tun willst? Wie oft hast du etwas gekauft, was du nicht brauchst, oder wie oft hast du Versprechungen gemacht, die du nicht halten konntest?

Ich habe einmal von zwei Vertretern einen sehr teuren Staubsauger gekauft, den mir eine Freundin empfohlen hatte. Die beiden Vertreter verbrachten Stunden in meinem Haus und führten mir alle Funktionen dieses Geräts, das so viel wog wie ein Nashorn und genauso unhandlich war, ausführlich vor. Und dann blieben sie noch eine Stunde und drängten mich, den Vertrag zu unterzeichnen. (Während der ganzen Zeit schrien meine Kleinkinder nach Aufmerksamkeit.) Übereilt, gedrängt und in dem Wissen, dass meine Freundin einen gekauft hatte, ließ ich mich auf monatliche Zahlungen ein, die das Budget unserer jungen Familie aufs Äußerste strapazierten. Wenn ich nur einmal innegehalten hätte, hätte ich das Für und Wider gegeneinander abgewogen. Ich hätte mir Raum gegeben, klar zu denken und deutlich Nein zu sagen. Und ich hätte in den kommenden zehn Jahren nicht jedes Mal im Stillen geflucht, wenn ich dieses Monstrum hervorgeholt habe.

Ein Esel hält inne, und das ärgert andere. Ein kluger Gefährte wartet, bis der Esel zu der Entscheidung gekommen ist, dass es sicher, klug oder zu seinem Besten ist weiterzugehen.

Innehalten erfordert Mut. Dein Bauchgefühl warnt dich häufig, dass Gefahr lauert, oder es macht dich aufmerksam auf eine nicht vertrauenswürdige Person oder signalisiert dir, dass ein Geschäft nicht ganz so sinnvoll ist. Innehalten verschafft dir Raum zu überlegen, mit Dankbarkeit weiterzugehen oder deine Wertmaßstäbe abzuwägen. Innehalten verschafft dir Zeit und Raum, damit du die beste Entscheidung treffen kannst, bevor du den nächsten Schritt tust. Aber sei gewarnt: Manchmal ärgern sich die Menschen in deiner Umgebung, die wollen, dass du dich beeilst und mit ihnen übereinstimmst. Wenn du das nicht tust, beschimpfen sie dich vielleicht mitunter auch als „störrisch". Aber das ist leider die Bürde, die wir Esel tragen müssen.

Doch vergiss nicht: Du bist nicht störrisch, du bist vielmehr *entschlossen*, integer und ehrenhaft zu leben. Und manchmal ist es nötig, mittendrin innezuhalten, um eine gute Entscheidung treffen zu können.

Innehalten.

Fast jede Entscheidung, die du jemals treffen musst und wirst, verschwindet nicht einfach, wenn du dir einen Augenblick, einen Tag oder eine Woche Zeit nimmst, um erst mal darüber nachzudenken.

Tiefer graben

★ Halte doch einmal inne …

… wegen einer Beziehung, die sich nicht mehr gut anfühlt.
… wegen deines gut gefüllten Terminkalenders, um dir Zeit zu verschaffen und dich umzuorganisieren.
… weil du zu einer Entscheidung gedrängt wirst, die deinem gesunden Menschenverstand widerspricht.
… bevor du die nächste E-Mail, den nächsten Tweet oder Text versendest.
… und schreibe auf, wie Innehalten sich positiv auf deine gegenwärtige Situation auswirken kann.

★ Wie wäre es, wenn du dir selbst Zeit und Raum geben würdest, klar zu denken? Was würde es schaden, wenn du einem anderen sagen würdest: „Lass mich eine Nacht über dieser Entscheidung schlafen!“? Schreibe auf, wie sich das anfühlen könnte.

★ Wann wirst du dir Zeit nehmen, um nachzudenken, bevor du weitergehst? Was muss in deiner Routine angepasst werden, um das zu realisieren? Datum:

Wenn du zu deinem inneren Esel stehst, ihn akzeptierst und umarmst, wirst du die sinnvolle Arbeit finden, für die du geschaffen wurdest, und darin erfolgreich sein.

Schlussfolgerung

Ach ja, es gibt doch immer noch irgendwo das Kleingedruckte, stimmt's? Du weißt schon, der Text in kleiner Schrift, der mit einem Sternchen versehen ist und in dem alle Ausschlussklauseln aufgeführt sind, wie zum Beispiel: *Die einzelnen Ergebnisse können variieren. Es besteht ein Zusammenhang zu anderen Tierarten, wie zum Beispiel Zebras, Lamas oder Ottern. Ansichten, die von realen oder fiktiven Eseln geäußert werden, spiegeln nicht unbedingt die Ansichten der Autorin wider.*

Bei diesem Buch erkläre ich meine eigenen Ausschlussklauseln:

Wenn du deinen inneren Esel umarmst, könnte es sein, dass du plötzlich Gras fressen, mit den Ohren wackeln und dich im Dreck wälzen möchtest. Es wird keine Verantwortung übernommen für den plötzlichen Drang, „I-ahhh!" zu schreien oder zu schnauben. Alle Hinweise auf „Herden" sind rein metaphorisch und nicht repräsentativ für die Menschen, mit denen du Umgang pflegst. Die exzessive Suche nach Eselfotos in deinen eigenen sozialen Medien wird als normal betrachtet und erfordert keine medizinische oder psychologische Behandlung.

Aber Spaß beiseite. Ich möchte tatsächlich noch ein paar abschließende Worte darüber sagen, wie du die sinnvolle Aufgabe, für die du geschaffen wurdest, finden und darin erfolgreich sein kannst.

Bei der Arbeit an den ersten Entwürfen für dieses Buch machten meine Lektorinnen mir Mut, den einzelnen Kapiteln einen Rahmen zu geben, der den Leserinnen und Lesern hilft, meinen Gedankengängen zu folgen. Ich probierte ein paar unterschiedliche Ideen aus und stieß schließlich auf das Akronym GOLD. Es passte perfekt zum Thema des Buches und schuf den Zusammenhang zwischen den Kapiteln.

G – **G**ib dir die Erlaubnis
O – **O**ffenbare deine Geschichte
L – **L**ege den Schwerpunkt auf deine einzigartigen Stärken
D – **D**efiniere dein Tempo

Aber es passierte noch etwas anderes, von dem ich gern berichten möchte. Während der Monate des Schreibens beschäftigte ich mich mit Texten, die ich in der Vergangenheit geschrieben hatte: Ich las lang vergessene, in Schubladen vergrabene Tagebücher, Notizen aus Workshops auf meinem Laptop und überflog PowerPoint-Präsentationen. Eine große Anzahl der Notizen stammte aus meiner Arbeit in christlich orientierten Organisationen, und einige hatte ich mir für kommerzielle Veranstaltungen gemacht, zu denen ich als Rednerin eingeladen war. Ich vertiefte mich in die

Aufzeichnungen aus den Sitzungen mit meinen Klienten und machte mir sogar Gedanken über die Kunst, die ich im Laufe der Jahre geschaffen hatte.

Das Muster, das ich darin entdeckte, verblüffte mich: Der GOLD-Rahmen für persönliches Wachstum und persönliche Veränderung zog sich durch einfach *alles*.

Aber der Clou ist: Mir war gar nicht bewusst, dass ich überhaupt einen Rahmen für das, was ich tue, gehabt hatte. Erst als ich die Kapitel für dieses Buch ordnen wollte, wurde mir das bewusst.

Er war *die ganze Zeit da gewesen*, hatte mich in den vergangenen zehn Jahren bei meiner Arbeit wie ein Kompass geführt. Erst als ich einen Namen (oder ein Akronym) für diese „Philosophie der Veränderung" hatte, konnte ich die Konturen erkennen, die seit Jahren meine Arbeit bestimmten.

Es war, als wäre ich auf eine Goldader gestoßen. Oh, ich hatte auch unterwegs schon Goldklumpen eingesammelt, Hinweise darauf, dass irgendwo in der Nähe eine Ader sein musste, aber auf einmal stieß ich auf die Hauptader, die mein Leben und meine Arbeit auch weiterhin noch stärker verändern wird. Dafür muss ich euch, meinen Leserinnen und Lesern, danken. Während ich dieses Buch für euch vorbereitet habe, empfing ich selbst eine unerwartete Gnade.

Wenn du dich auf den Weg machst, um deinen inneren Esel anzunehmen, zu akzeptieren und zu umarmen – also diesen Teil von dir, der vor der Mühsal der Veränderung nicht zurückscheut, damit du dir die Art von Leben und

Arbeit schaffen kannst, die du liebst –, bete ich, dass du *dein* GOLD findest, diese Ader der Weisheit, die von Anfang an in dir vergraben liegt. Es gibt eine verborgene Schatztruhe, die sich durch deine Lebensgeschichte zieht, so wie das Gold in einem Berg verborgen liegt und nur darauf wartet, abgebaut zu werden. Es wird geformt durch deine Erlebnisse, deine Schwierigkeiten und deine Herausforderungen. Es muss geläutert werden in deinen Tragödien und Triumphen.

Niemand kann dir das wegnehmen, aber du musst einen Anspruch darauf anmelden.

Ich glaube, dass du eine eigene Mine voller Weisheit geschenkt bekommen hast, die Gabe, deinen Weg zu machen, und die Widerstandskraft, die dir bei der Bewältigung dieser schwierigen Aufgabe, dein Gold ans Tageslicht zu bringen, hilft, damit du ein Segen sein kannst für die Welt. Genau das ist deine Gottesebenbildlichkeit, der göttliche Funke, der dein Leben als Mensch, der nach Gottes Bild geschaffen ist, zum Strahlen bringt.

Also los:

G*ib dir die Erlaubnis*: Stelle Fragen und strebe danach, dein wahres, tapferes und bestes Ich zu sein.

O*ffenbare deine Geschichte*: Stehe zu deiner Vergangenheit, deiner Gegenwart und stehe zu deinen Mitmenschen. Sei ehrlich in Bezug auf deine Annahmen und Vorurteile und wie sie unbewusst dein Handeln bestimmen. Übernimm

Verantwortung für deine Vision und deine Werte und für das, was du von dir offenbarst.

Lege den Schwerpunkt auf deine einzigartigen Stärken: Sammle dein Team um dich, konzentriere dich auf deine Stärken und verblüffe die Welt.

Definiere dein Tempo: Diene anderen auf diese ganz besondere Art, die nur dir eigen ist. Wähle ein Tempo, das gut für dich ist, und etabliere Gewohnheiten, die deinen Dienst bedeutungsvoll und nachhaltig machen. Lass dir genügend Raum für Ruhe, Spiel und vor allem für Freude.

Diese Welt braucht weniger Rennpferde und mehr Esel. Weniger Spektakel und mehr Substanz. Mehr Dienst und weniger Show. Sie braucht Diener und keine Entertainer.

Diese Welt braucht *dich*.

Sie braucht, was *du* ihr geben kannst.

Du wurdest geschaffen, um auch die lange Strecke gut zu meistern.

MIX
Papier | Fördert gute Waldnutzung
FSC® C014496

Die amerikanische Originalausgabe ist erschienen bei
Tyndale Momentum, imprint of Tyndale House Publishers,
Carol Stream, Illinois, USA.
Titel der Originalausgabe: „The Donkey Principle:
The Secret to Long-Haul Living in a Racehorse World"

1. Auflage 2024
Bestell-Nr. 821044
ISBN 978-3-98695-044-6

Umschlaggestaltung: Maren Habla
Umschlagmotiv: Maren Habla
Illustrationen: Rachel Anne Ridge
Satz: Uhl+Massopust, Aalen
Druck und Verarbeitung: GGP Media GmbH, Pößneck
Printed in Germany

www.gerth.de